Bruce Yocum

PROPHET UND PROPHETIE

Bruce Yocum

Prophet und Prophetie

Das Praktizieren der prophetischen Gaben des Geistes in den heutigen Gemeinden

Leuchter-Verlag eG · Erzhausen

Titel der Originalausgabe: PROPHECY
Übersetzung: Karl Schanz
Umschlaggestaltung: Frank Decker, Langen

1. Auflage November 1990

ISBN 3-87482-149-8

Gesamtherstellung: Schönbach-Druck GmbH, 6106 Erzhausen

INHALTSVERZEICHNIS

DANK

Ich möchte zumindest einigen der vielen, die mir beim Schreiben dieses Buches in irgendeiner Weise geholfen haben, hiermit meinen Dank ausdrücken. Rev. George Montague, Rev. Salvador Carillo Alday, Rev. Paul LeBeau und Dr. Kevin Ranaghan nahmen sich trotz ihres ausgefüllten Tagesablaufs Zeit, mir Ratschläge und hilfreiche Stellungnahmen zu geben. Thomas Adams und seiner Frau sei hier versichert, daß ich ihre großzügige Unterstützung sehr schätzte. John Keating und Mark Kinzer halfen mir bei den Nachforschungen. Meine Dankbarkeit gilt vor allem Bert Ghezzi, Nick Cavnar und Vicki Forrester, die sich, so scheint es mir, mit der gleichen Hingabe diesem Buch widmeten wie ich selbst. Schließlich sei auch meine Sekretärin Alice Rock erwähnt, der ich für ihre feine Mitarbeit ebenfalls danke. Möge Gott sie alle segnen.

VORWORT

Dieses Buch ergab sich aus dem Betrachten der Bibel und der Schriften der frühen Kirche. In den meisten Fällen war es nicht möglich zu sagen, ob eine biblische Passage durch die Erfahrung erhellt wurde oder ob das Zeugnis der Schrift zu einer neuen Erfahrung führte. Aber wir sind überzeugt, daß unsere Erfahrung bezüglich der Prophetie mit der Erfahrung der ersten Christen in Einklang steht und daß es eine Erfahrung ist, die Gott Seinem Volk in großem Umfang schenken möchte.

Dieses Buch hat zwei Teile. Im ersten wenden wir uns der „normalen" Erfahrung der Prophetie zu, d. h. der Erfahrung, die für uns der Normalfall sein sollte. Im zweiten richten wir unser Augenmerk auf die Erfahrungen heutiger Christen, die Prophetie empfangen und weitergeben.

Wir hoffen, daß diese Betrachtungen ihren Teil dazu beitragen, daß das, was bei uns die Norm sein sollte, Realität wird. Der Wunsch Moses für das Volk Israel drückt auch meinen Wunsch für die Christen heute aus:

„Mögen doch alle im Volk des Herrn Propheten sein, daß der Herr Seinen Geist auf sie lege" (4. Mose 11,29 Elberf.)

EINLEITUNG

Um fünf Uhr morgens war die Kirche noch dunkel, und es war sehr ruhig. Ich fühlte mich ziemlich klein inmitten der leeren Sitzbänke. Ich war der Junge, der bei der Messe um 5.30 Uhr zu dienen hatte, und kam etwas früher, um noch beten zu können. Ich war selbst beeindruckt von meiner Frömmigkeit. Nicht viele Leute kamen so früh in die Kirche, um zu beten, und schon gar nicht zehnjährige Jungen.

Meine Überzeugung, daß ich damit etwas sehr Ungewöhnliches tat, war dadurch bestätigt worden, daß ich auf der Straße in der Nähe der Kirche von einer Polizeistreife angehalten wurde. Die Beamten waren sehr skeptisch, als ich ihnen erzählte, weshalb ich mich in dieser frühen Morgenstunde auf der Straße befand. Sie fuhren mich dann vor den Eingang der Kirche, um sicher zu sein, daß ich tatsächlich hineinging.

Die Geschichten der Heiligen waren mir schon sehr früh bekannt. Sie fasteten, taten Wunder, Hunderte von Heiden bekehrten sich durch ihren Dienst. Sie verbrachten lange Stunden im Gebet. Sie standen in Anfechtungen, aber behielten den Sieg über sie. Zweifellos standen sie auch schon sehr früh auf, um zu beten. Als ich dort in der Kirche saß und mit derlei Überlegungen beschäftigt war, wurde mir mittendrin bewußt, daß ich nicht hierher gekommen war, um solche Dinge zu überdenken, sondern um zu beten. Ich wußte, daß damit, daß ich vor fünf Uhr aufstand, noch nicht allzuviel gesagt war. Die Morgenstunde wurde erst heilig, wenn ich sie zum Gebet nutzte. Also fing ich zu beten an.

Es war kein Supergebet. Die ersten Minuten verbrachte ich damit, all die komischen Geräusche in der dunklen Kirche zu registrieren. Dann erinnerte ich mich an das, was mir einmal eine Nonne gesagt hatte: „Sprich einfach so mit Gott, als ob du mit einem Freund redest."

„O Gott, ich liebe Dich!"

Das Herz blieb mir beinahe stehen bei meinen Worten, weil sie so laut von den Kirchenwänden widerhallten. Ich schämte mich, daß mich dieses Echo so erschreckt hatte. Ich begann wieder, diesmal aber war ich auf das Echo vorbereitet. „O Gott, ich will Dich lieben und immer das tun, was recht in Deinen Augen ist!"

Nach diesen Worten wurde ich still. Nicht aus Angst vor dem lauten Echo, sondern aus Erstaunen darüber, was ich in meinem Herzen hörte: Gott redete zu mir! Ich hörte die Stimme Gottes — nicht mit meinen Ohren, aber in der Stille meines Herzens. Er sprach von der Liebe, die Er für mich hatte. Ich fühlte, wie Seine Liebe mich umgab.

Danach öffnete ich die Augen, wischte die Tränen weg und schaute mich um. Alles schien normal. Ich überlegte, ob ich eben eingeschlafen war und mir alles nur eingebildet hatte. Aber innerlich wußte ich, daß es weder Traum noch Phantasievorstellung war. Gott hatte zu mir gesprochen.

Zehn Jahre später kam ich in die Wohnung eines Freundes, den ich im College kennengelernt hatte. Ich war zu der Zeit im zweiten Jahr meines Studiums, und noch immer war es mein Wunsch, Gott besser kennenzulernen, denn mir war klar, daß ich Ihn jetzt mit zwanzig Jahren nur wenig besser kannte als mit zehn.

Im Wohnzimmer waren etwa 15 Leute versammelt, die mich herzlich willkommen hießen. Ihre Freundlichkeit überraschte mich. Trotzdem fühlte ich mich ein bißchen unwohl. Ich kam in diese Wohnung, um an einem Gebetstreffen teilzunehmen (sie sagten, daß sie sich dort regelmäßig zum Gebet versammelten), und ich hatte keine Ahnung, was sie taten, wenn sie beteten.

Noch einige weitere Personen kamen in den nächsten Minuten an, und dann begann das Programm. Ein paar Lieder wurden gesungen, zwei oder drei Schriftpassagen vorgelesen. Dann wurde eine Zeit stillen Gebets eingeräumt. Ich fing an, mich schon etwas heimisch zu fühlen. Plötzlich begann der Mann neben mir zu sprechen: „Ich bin dein Herr, und Ich liebe dich mit Meiner vollkommenen Liebe. Richte dein Herz auf Mich und Mein Reich aus."

Er sprach in der ersten Person wie die Propheten des Alten Testaments. Er sprach, als ob Gott selbst zu uns reden würde. Und ich glaubte, daß es Gott war. Ich war von derselben Überzeugung ergriffen wie vor zehn Jahren: Gott hatte zu mir gesprochen!

Unser himmlischer Vater hat den starken Wunsch, mit Seinen Kindern zu reden. Immer wieder erleben wir im Alten und Neuen Testament, wie Gott die Seinen anspricht und sie wissen läßt, daß es Sein Wunsch ist, daß sie Ihn mehr kennen und erkennen möchten.

Das Geschehen in 2. Könige 1,1-4 zeigt uns gut, daß Gott bereit ist, mit uns zu reden. König Ahasja war durch das Gitter in seinem Obergemach gefallen und hatte sich schwer verletzt. Nun wollte er wissen, ob er überleben oder sterben würde. Er sandte deshalb Boten zum Schrein des Baal-Sebub in Ekron, um von diesem über sein Schicksal zu erfahren.

Aber die Boten wurden vom Propheten Elia angehalten. Elia sandte folgende Botschaft Gottes zum König: „Gibt es in Israel keinen Gott? Müßt ihr außer Landes gehen und Baal-Sebub, den Gott von Ekron, befragen?"

Gott war zornig auf den König. Er hätte wissen müssen, daß Gott bereit war, mit ihm zu reden. Er brauchte nicht zu jemand anders zu gehen, um Antwort auf seine Frage zu bekommen.

Und doch zeigt das Verhalten der Kinder Gottes immer wieder, daß sie nicht glauben, daß Gott zu ihnen sprechen wird. Die Christen unserer Tage konsultieren eine Anzahl Experten, ziehen ihre Erkenntnisse aus Diskussionen und durchdenken alle möglichen Alternativen, bevor sie eine Entscheidung treffen. Aber wie oft und wie ernstlich bitten sie Gott um die Antwort, die sie brauchen?

Wenn du nicht glaubst, daß es Gottes Wille ist, zu uns zu reden, dann verstehst du Gott nicht. Immer wieder sagt uns Gott in der Schrift, daß Er inniger und häufiger zu den Seinen reden möchte. Er gebraucht das Bild enger Vertrautheit, um die Beziehung zu den Seinen zu beschreiben. Er ist ihr Gatte, ihr Vater, ihre Mutter, ihr Hirte. Gott will nicht auf Distanz mit ihnen leben, sondern möchte ihnen nahe sein.

In alttestamentlichen Zeiten sandte Gott häufig Propheten, um mit Seinem Volk zu reden und ihm Seine Wege und Seine Führung kundzutun. Aber Er sprach von einem Tag, an dem Er sich noch weitgehender offenbaren und das Land voll der Erkenntnis des Herrn sein würde — wie Wasser das Meer bedeckt (Jesaja 11,9).

Im Neuen Testament ist mit dem Kommen Jesu diese Verheißung wahr geworden. Weißt du, was das bedeutet? Der Gläubige hat Gottes Geist in sich und ist so mit Ihm ganz eng verbunden. Unter vielem anderen bedeutet das auch, daß jeder Christ hören kann, was der Herr ihm sagt.

Mein Freund Gerry erkannte vor zehn Jahren, daß Gott persönlich und direkt mit ihm reden wollte. Er war schon früh Christ geworden. Ja, Jesus nachzufolgen war das Wichtigste seines Lebens. Aber ihm ging es wie vielen Christen: Er kannte Gott recht wenig. Er wußte viel *über* Gott und wie Gott war, aber da war kein richtiges Kennen Gottes.

Während er zum College ging, schloß er sich einer Gruppe Christen an, die ihre Hingabe ernst nahmen. Sie trafen sich regelmäßig, um darüber zu sprechen, wie man als Christ lebte und im Glauben wuchs. Einer aus der Gruppe sagte einmal zu Gerry folgendes: „Wenn du betest, solltest du nicht die ganze Zeit damit verbringen, mit Gott zu reden. Du solltest dem Hern auch Zeit geben, zu dir reden zu können.“ Und er sagte ihm, daß Gott ganz direkt mit ihm reden wolle.

Nun, Gerry nahm das zur Kenntnis wie vieles andere, aber er dachte nicht daran, im Gebet zu warten, denn er erwartete nicht, daß der Herr zu ihm sprechen würde. Im Sommer des folgenden Jahres erinnerte er sich wieder an den Ratschlag seines Freundes: „Gib dem Herrn Zeit, daß Er zu dir reden kann.“

Er entschied sich, den Versuch zu wagen. Er lehnte sich zurück, machte seine Gedankenwelt von all den Dingen frei, die ihn sonst beschäftigten. Er betete und wartete auf den Herrn. Er hatte nicht viel Glauben, daß es funktionieren würde. Er beabsichtigte, ein paar Minuten still zu sitzen und dann aufzustehen und an sein Tagwerk zu gehen.

Sobald er das, was ihn ablenken wollte, beiseite schob und sich auf Gottes Stimme einstellte, hörte er Gott reden. Er berichtete:

„Ich meinte, nur die Zimmerwände als Gesellschaft zu haben. Aber sobald meine Gedankenwelt frei war, wurde ich plötzlich gewahr, daß Jesus da war. Ich meine damit nicht, daß ich Ihn mit meinen Augen sah und mit den Ohren Seine Worte hörte, aber ich wußte einfach, Jesus war da. Es war, als ob Er mir im Zimmer mit ausgestrecken Armen gegenüberstand und mir zurief: ‚Komm zu mir!'

Ich war ganz überrascht. Zum ersten, weil ich nicht erwartet hatte, daß irgend etwas geschehen würde und der Herr da sein könnte. Und zweitens auch deshalb, weil Er das ‚Komm zu mir' in einer Weise sagte, als ob Er eine Distanz zwischen uns fühlte. Ich hatte unsere Beziehung ganz anders gesehen: Ich war der Überzeugung, daß zwischen dem Herrn und mir alles bestens war. Daß Er sogar froh sein konnte, mich auf Seiner Seite zu haben. Verwirrt sagte ich nach einer kleine Pause: ‚Ich liebe Dich doch, Herr. Was willst du mehr?'

Sofort wußte ich Seine Antwort: Ich hatte mich selbst zum Wichtigsten gemacht, noch wichtiger als der Herr. Ich meinte, der Herr müßte doch für meine Liebe dankbar sein. Statt dessen hätte ich zu Seinen Füßen niederfallen und Ihm dafür danken sollen, daß Er mich liebte und errettete. In diesem Moment änderte sich meine Haltung, und sofort kam ich Ihm nahe."

Gerry kam an jenem Tag zu einem direkten Kennen Gottes. Dies blieb nicht nur so, sondern nahm zu, es war sozusagen nur der Start: Es war der Tag, an dem er erkannte, daß Gott zu ihm reden konnte, und der Herr hat seither viele Male zu ihm gesprochen.

Gerry ist kein Mystiker. Es sind nicht nur ganz besondere Leute, die Gottes Reden hören können. Jeder Christ kann Gott in direkter, persönlicher Art kennen und Sein Reden hören.

Viele Christen wissen, daß sie Gottes Willen erkennen und tun sollen. Aber vielen von ihnen mangelt es an Glauben daran, daß Gott ihnen Seinen Willen klar kundtun kann. In anderen Worten: sie glauben zwar, daß Gott von ihnen etwas verlangt, aber sie glauben nicht, daß Er dafür sorgt, daß sie Anweisungen bekommen, um Seinen Willen zu tun.

Gottes Willen zu erkennen, ist für sie ein großes Problem: „Gott wird mich segnen, wenn ich heilig, tüchtig und glücklich genug bin. Dann kann ich auch erkennen, was Sein Wille ist." Ihr Bemühen, Gottes Führung für ihr Leben zu finden, gleicht einem Bilderrätsel, bei dem auf dem Bild ein Mensch oder Gegenstand versteckt ist, den es zu finden gilt. Es ist schwierig, die Lösung zu finden.

Gott versuchte nicht, Seinen Willen vor dem König von Israel zu verbergen. Nein, Er wollte ihn offenbaren. Aber der König bat Gott nicht darum. Mit seinem Tun offenbarte er einen Mangel an Glauben und an Erkenntnis Gottes.

Aber tun wir in unserem eigenen Leben nicht oft das gleiche? Wenn wir wissen wollen, was wir tun sollen oder was in unserem Leben geschehen soll, lesen wir die Bibel, denken darüber nach und bitten dann doch andere um Ratschläge. Aber Gott fragen wir nicht.

Natürlich ist es gut, die Bibel zu lesen, darüber nachzudenken und die Ratschläge anderer einzuholen, aber noch besser ist es, Gott selbst zu fragen. Kommt es daher, *daß kein Gott in Israel ist*, daß wir anderswo fragen? Die Art und Weise, wie wir Führung für unser Leben suchen, offenbart, wie weit unser Glaube und unsere Erkenntnis Gottes gehen.

Dieses Buch behandelt eine Art, wie Gott zu uns reden kann: nämlich durch die Gabe der Prophetie. Aber dieses Buch ist anders als die meisten Bücher über Prophetie. Es spricht nicht soviel über Propheten, sondern zu Propheten. Mit diesem Buch soll den Gläubigen geholfen werden, sich dem prophetischen Wirken des Heiligen Geistes zu öffnen. Man könnte es als Handbuch für den prophetischen Dienst bezeichnen.

Natürlich kann keiner sich entscheiden, Prophet zu sein. Diese Entscheidung liegt bei Gott. Aber Gott will, daß viele Seiner Kinder Propheten sein sollen. Und wenn Gott die Gabe gegeben hat, sollte die Person, die sie empfangen hat, es lernen, mit dieser Gabe gut umzugehen.

Ich hoffe, daß dieses Buch mit dazu beiträgt, daß die Propheten es lernen, mit der Gabe, die der Herr ihnen anvertraut hat, gut zu dienen und Gott zu verherrlichen. Und daß dieses Buch uns allen hilft, die prophetischen Gaben, die Gott für die Gemeinde vorgesehen hat, zu verstehen, zu fördern und zu empfangen.

1. Teil

DER DIENST DES PROPHETEN IN DER GEMEINDE

In diesem Teil sprechen wir darüber, wie Prophetie in der frühen Kirche ausgeübt wurde und wie sie heute praktiziert werden sollte. Wir geben also nicht ein Bild davon wieder, wie Prophetie heute angewandt wird, sondern wie sie angewandt werden soll. Das Material für diesen Teil stammt aus der Bibel, den Schreiben der frühen Kirche und der heutigen Erfahrung. Mein Ziel ist es, ein gutes Verständnis dafür zu wecken, wie Gott die Prophetie unter Christen eingesetzt sehen möchte.

1

Ein kurzer geschichtlicher Überblick über die christliche Prophetie

Wenn das Wort Prophetie fällt, denken die meisten Christen an die großen Propheten des Alten Testaments: Jesaja, Jeremia, Hesekiel und die anderen. In der Tat betrachten wohl die meisten Christen Prophetie als eine alttestamentliche Erscheinung. Und doch bezeugen auch die Seiten des Neuen Testaments den Einfluß, die Worte und sogar die Namen von Propheten, die nach Jesu Tod und Auferstehung lebten. In der Apostelgeschichte sind allein fünf Beispiele prophetischen Auftretens aufgezeichnet.

Das erstemal in Apostelgeschichte 11,27-28. Ein Prophet namens Agabus sagt unter der Inspiration des Heiligen Geistes eine Hungersnot voraus, die bald über die ganze Welt kommen wird. Der Schreiber der Apostelgeschichte erwähnt auch, daß diese Hungersnot tatsächlich in der Regierungszeit von Klaudius eintrat. Die prophetische Offenbarung, die hier durch Agabus gegeben wurde, ermöglichte es den Christen damals, rechtzeitig Vorbereitungen auf diese Krisenzeit zu treffen.

Etwas später lesen wir von der Entscheidung in Antiochien, Barnabas und Paulus als Missionare auszusenden (Apostelgeschichte 13,2). Als die Ältesten der Gemeinde, unter denen einige Propheten waren, zusammen beteten, sprach der Heilige Geist, daß Barnabas und Paulus zu dem Werk ausgesondert werden sollten, zu dem Er sie berufen hatte.

Apostelgeschichte 15,32 erwähnt zwei Männer, nämlich Judas und Silas, die Propheten waren. Mit ihren Worten ermahnten und stärkten sie die Brüder in Antiochien.

Und schließlich lesen wir im 21. Kapitel noch etwas über Prophetie (das griechische Wort *propheteia* wird im Deutschen sowohl mit Prophetie als auch mit Weissagung übersetzt. In diesem Buch werden auch beide Wörter gebraucht. Der Herausgeber):

„*Die sagten Paulus durch den Geist, er solle nicht nach Jerusalem hinaufziehen*“ (Vers 4).

„*Er hatte vier Töchter, die waren Jungfrauen und weissagten*“ (Vers 9).

„*Und als wir mehrere Tage dablieben, kam ein Prophet mit Namen Agabus aus Judäa herab. Und als er zu uns kam, nahm er den Gürtel des Paulus und band sich die Füße und Hände und sprach: Das sagt der Heilige Geist: Den Mann, dem dieser Gürtel gehört, werden die Juden in Jerusalem so binden und überantworten in die Hände der Heiden*“ (Verse 10-11).

Bei den ersten Christen war regelmäßig Prophetie anzutreffen, wenn sie zusammen waren (1. Korinter 11,4-5;14,3).

Bekehrte weissagten, als ihnen die Hände aufgelegt wurden (Apostelgeschichte 19,6).

Prophetie wird häufig als eine der Gaben aufgeführt, die Christus der Gemeinde schenkt (Römer 12,6; Epheser 4,11; 1. Korinther 12,10.28.29).

Die Propheten gehören zu dem Grund, auf dem sich die Gemeinde aufbaut (Epheser 2,20).

Aposteln und Propheten wurde Einsicht in das Geheimnis Christi gegeben (Epheser 3,4-6).

Propheten werden im Zusammenhang mit dem Dienst von Timotheus erwähnt (1. Timotheus 1,18; 4,14).

Die Gläubigen werden angewiesen, Prophetie nicht zu verachten (1. Thessalonicher 5,20).

Ja, die Gemeindeglieder werden aufgefordert, sich vor allem um Prophetie zu bemühen — mehr als um alle anderen Gaben (1. Korinther 14,1).

Aus den Seiten des Neuen Testaments geht also hervor, daß Prophetie in der Gemeinde ein bedeutendes Element darstellte.

Aber nicht nur im Neuen Testament finden wir Berichte über prophetisches Reden. Die *Didache*, eine christliche Gemeindeordnung aus dem Anfang des zweiten Jahrhunderts, nimmt mehrere Male bezug auf Prophetie. Die Anweisung, wie man auf die Propheten eingehen soll, setzt voraus, daß Propheten tätig waren.

Um das Jahr 162 wird Prophetie in einem von dem christlichen Apologeten Justin geführten Zwiegespräch mit einem Rabbi erwähnt, dem bekannten *Dialog mit dem Juden Tryphon*. Dabei weist Justin darauf hin, daß diese Gabe Teil des Zeugnisses der Wahrheit des Christentums ist: „Die Tatsache, daß bis auf den heutigen Tag die Gaben der Prophetie unter uns Christen zu finden sind, sollte euch zur Erkenntnis führen, daß die Gaben, die unter eurem Volk vorhanden waren, nun auf uns übergegangen sind."

Auch Irenäus von Lyon spricht Ende des zweiten Jahrhunderts von der Existenz der Gabe der Prophetie unter den Christen: „Aus diesem Grunde erklärte der Apostel: ‚Wir reden aber Weisheit unter den geistlich Reifen', wobei er die meint, die den Geist Gottes empfingen und durch diesen in allen möglichen Sprachen sprechen wie er selbst auch. So hören auch wir viele Brüder in der Gemeinde, die prophetische Gaben besitzen und so verborgene Dinge ans Licht bringen — zum allgemeinen Nutzen."

Uns ist sogar eine prophetische Rede aus dem späten zweiten Jahrhundert überliefert. Melito, der Bischof von Sardes und als frommer Mann bekannt, hielt eine weit verbreitete Predigt über das Passah. Am Ende der Predigt brach er in eine Weissagung aus:

„Wer will sich gegen Mich stellen? Ich bin es doch, der aus Verdammnis erlöst. Ich bin es, der den Toten Leben gibt.

Ich bin es, der die Begrabenen zur Auferstehung bringt. Wer will etwas gegen Mich vorbringen?

Ich bin es, der dem Tod die Macht genommen hat. Ich bin es, der über die Feinde triumphiert, der im Totenreich erschien und den Starken band.

Ich habe den Menschen den Weg zum Himmel gebahnt. Ich bin es, sagt Christus.

So kommt nun her, ihr Menschengeschlechter, die ihr durch eure Sünde niedergedrückt seid, und empfangt Vergebung für eure Missetaten.

Denn Ich bin eure Vergebung. Ich bin das Passah, das Rettung bringt. Ich bin das Lamm, das für euch geschlagen wurde.

Ich bin euer Reinigungsbad, Ich bin euer Leben, Ich bin eure Auferstehung, Ich bin euer Licht, Ich bin euer Heil. Ich bin euer König.

Ich bin es, der euch den Himmel aufschließt. Ich bin es, der euch Auferstehung bringt.

Ich werde euch den ewigen Vater zeigen. Ich werde euch mit Meiner Rechten zu Mir ziehen."

Prophetie nach dem dritten Jahrhundert

Obwohl Prophetie nach dem dritten Jahrhundert nicht mehr fortwährend in der Kirche anzutreffen war und auch danach zu keiner Zeit Allgemeingut der ganzen Kirche war, erleben wir trotzdem in der weiteren Kirchengeschichte ein regelmäßiges Wiederaufleben prophetischer Aktivitäten, vor allem in den Erneuerungsbewegungen.

In solchen Bewegungen erscheint die Prophetie auch nicht als isolierte geistliche Erscheinung, sondern vielmehr als ein Element innerhalb einer großen Bandbreite von charismatischen Manifestationen. Heilungen, Wunder, inspirierte Verkündigung und andere Erweise göttlicher Kraft finden wir von den damals Beteiligten bezeugt.

Die erste und herausragendste dieser Bewegungen war die asketische Bewegung, die während des vierten, fünften und sechsten Jahrhunderts besonders die Gemeinden in Ägypten und Kleinasien erfaßte. Es gibt zahlreiche Berichte über Heilungen, Prophetien, Dämonenaustreibungen und Wunder in der Geschichte dieser Bewegung (vgl. Palladius *Historia Lausiaca*, Athanasius *Leben des Antonius*, die *Historia Monachorum*, die Historien von Sokrates und Sozomenos usw.).

Die Bewegung behielt über zwei Jahrhunderte lang einen hohen Grad Lebendigkeit und fand im Westen ihren Höhepunkt in der Benediktiner-Bewegung (von Benedikt sind wieder Wunder und Prophetien überliefert) und im Osten in zahlreichen Klöstern.

Der wohl herausragendste Prophet dieser Zeit war Johannes von Lycopolis. Seine prophetischen Aktivitäten werden von Palladius, Sozomenos, Augustinus, Cassian und der *Historia Monachorum* bestätigt. Palladius sagte zum Beispiel, daß Johannes „als der Prophetie würdig" geachtet wurde. Unter anderem sagte er Theodosius verschiedene Dinge bezüglich Maximus, dem Tyrannen, voraus, daß er ihn besiegen und von den Galliern zurückkommen würde.

Johannes prophezeite auch, daß der Bruder von Palladius sich bekehren würde und daß Palladius selbst Bischof würde. All dies bewahrheitete sich. Sozomenos berichtet, daß Johannes richtig den Tod von Theodosius und Eugenius vorhersagte.

Auch zahlreiche andere Asketen besaßen die Gabe der Prophetie oder prophezeiten wenigstens hin und wieder (z.B. Didymus, Marcarius von Ägypten, Isidor). Die Asketen betrachteten die Gabe der Prophetie als großen Segen, aber auch als nichts Ungewöhnliches bei Menschen, die in der Nachfolge Christi standen.

Eine zweite Erneuerungsbewegung, die ähnliche charismatische Aktivitäten mit sich brachte, erfaßte im 12. und 13. Jahrhundert die westliche Kirche. Die Zisterzienser-Bewegung, die im zwölften Jahrhundert in Frankreich ihren Anfang nahm, und die Franziskaner- und Dominikaner-Bewegung, die im 13. Jahrhundert von Italien ausging, brachten eine beachtliche Veränderung in die Kirche. Jede dieser drei Bewegungen (die als Teile einer größeren Bewegung in dieser Zeit betrachtet werden können) war von Prophetie, Heilungen, Wundern und anderen charismatischen Manifestationen begleitet.

Weitere größere und kleinere Erneuerungsbewegungen in der Kirche könnten hier noch erwähnt werden (z. B. die Hesychasten im Osten und sogar die zweite Große Erweckung in Amerika).

Natürlich gab es noch weitere prophetische Aktivitäten, die sich im Leben eines einzelnen oder in einer Gruppe für kurze

Zeit ergaben. Aber aufs Ganze gesehen kann man sagen, daß die Prophetie ab dem dritten Jahrhundert ein besonderes Charakteristikum der Erneuerungbewegungen war, die auch eine große Bandbreite anderer charismatischer Manifestationen aufwiesen.

Im 20. Jahrhundert entstand wieder eine charismatische Bewegung. Sie nahm ihren Anfang zu Beginn des Jahrhunderts und nahm dann an Umfang und Reichweite ständig zu.

Im Rückblick auf die prophetischen Aktivitäten fallen zwei Beobachtungen auf: Die erste ist, daß Prophetie sich hauptsächlich im Umfeld einer breiteren Erweckung charismatischer Gaben zeigte. Das überrascht nicht, wenn man bedenkt, daß Paulus Gaben wie Prophetie, Heilung und Wunderwirkungen (1. Korinther 12) im Grunde als einen Gabentyp darstellt. Wo charismatische Aktivitäten stattfinden, nehmen diese verschiedene Formen an.

Die zweite Beobachtung ist, daß Prophetie und andere Charismen besonders in einer Atmosphäre erwartungsvollen Glaubens aufleben und gedeihen. Das heißt, sie sind hauptsächlich dort anzutreffen, wo sie erwartet werden. Heilung geschieht dort am meisten, wo die Menschen glauben, daß Heilung möglich ist. Franz von Assisi, Johannes von Lycopolis, Bernhard von Clairvaux: Sie alle erwarteten, daß Gott zu ihnen reden würde, und Er tat es.

Prophetie ist oft durch Mißbrauch in Mißkredit geraten. Die Annahme, daß die prophetischen Aktivitäten im dritten Jahrhundert in der Reaktion auf manche Mißbräuche langsam eingestellt wurden, mag stimmen. Nach dem Auftauchen irrgläubiger „prophetischer" Strömungen — denen wir auch heute noch begegnen —, entwickelten die Gläubigen eine beträchtliche Zurückhaltung gegenüber der Gabe der Prophetie.

Während in der frühen Kirche die Propheten geschätzt wurden, wurden sie später mehr und mehr beargwöhnt und verdächtigt. Aber wenn Gott es für gut angesehen hat, der Gemeinde diese Gabe zu geben, sollten wir sie annehmen. Vor kurzem las ich eine Erklärung, die die Haltung, die wir einnehmen sollten, gut ausdrückt:

„Sobald jemand von Propheten spricht, sind die Leute sofort besorgt, daß es sich um falsche Propheten handeln könnte. Im

Gegensatz dazu scheint es mir aber richtig, daß wir gerade um Propheten beten sollten. Unser Problem ist es doch heute, daß keine Propheten da sind. Es scheint nun, daß der Heilige Geist Propheten in unserer Mitte erweckt. Wir sollten darauf achten. Die Gemeinde kann dann den Wert der Prophetie, nachdem sie geäußert wurde, beurteilen, aber laßt sie zuerst einmal zu Wort kommen."

Sogar zur Zeit des Neuen Testaments gab es falsche Propheten (z. B. 1. Johannes 4,1), aber die Christen wurden darüber belehrt, wie man sich ihnen gegenüber verhalten sollte (1. Johannes 4, Didache 11,7-12). Daß es falsche Propheten gab, hinderte die Gläubigen nicht daran, echte Prophetie zu schätzen und anzunehmen. Ende des zweiten Jahrhunderts schrieb Irenäus von Lyon gegen die Gläubigen, die die Prophetie einzudämmen versuchten, nur weil sie möglicherweise falsch sein konnte:

„Andere wiederum, die die Gabe des Heiligen Geistes unwirksam machen wollen, der in der letzten Zeit nach dem Wohlgefallen des Vaters auf die Menschen ausgegossen wurde, akzeptieren das Evangelium des Johannes nicht, in welchem der Herr verheißt, daß er den Paraklet senden wird. Sie weisen sowohl das Evangelium als auch den prophetischen Geist ab. In der Tat elende Meschen, die nur, damit keine falsche Prophetie Einlaß fände, der Gemeinde die Gabe der Prophetie vorenthalten. Sie ähneln denen, die davon hörten, daß Heuchler in der Gemeinde seien, und die sich daraufhin der Gemeinde fernhielten.

Wir müssen daraus schließen, daß sie auch nicht mit dem Apostel Paulus einig gehen, denn in seinem Brief an die Korinther spricht er ausdrücklich von den prophetischen Gaben und anerkennt weissagende Männer und Frauen in der Gemeinde."

Die frühe Kirche hatte den Glauben, daß Gott, wenn Er Seinen Kindern Gaben schenkte, auch Mittel bereit hatte, um den Gebrauch dieser Gaben zu schützen. Prophetie erscheint heute wieder in der Gemeinde. Wir brauchen Vertrauen, daß sie zu unserem Nutzen ist und daß wir nicht ihrem Mißbrauch schutzlos ausgeliefert sind.

2

Was ist ein Prophet?

Heute gibt es viele falsche Vorstellungen darüber, was ein Prophet ist. Das ist nicht anders zu erwarten: die meisten von uns sind nie einem Propheten begegnet. Aus Mangel an praktischer Erfahrung muß die Phantasie herhalten. Ich schrieb einmal in einer Zeitung einen Artikel über Prophetie. Die Illustration, die man für den Artikel wählte, gibt das, was man sich allgemein unter einem Propheten vorstellt, ganz gut wieder:

Auf einer einsamen Felsenklippe kniet ein bärtiger, glatzköpfiger alter Mann, dessen hagerer Leib in ein Fell eingehüllt ist. Während er angestrengt gen Himmel blickt, fallen aus einer unsichtbaren Lichtquelle Strahlen herab, die sein Gesicht erhellen.

Wenn ein Prophet so auszusehen hat, ist es nicht verwunderlich, daß es so wenige gibt!

Um ein besseres Verständnis christlicher Prophetie zu ermöglichen, möchte ich zunächst auf einige unzutreffende oder ungenaue Ansichten eingehen, die in unseren Tagen anzutreffen sind, und sie mit dem Bild vergleichen, das die Bibel gibt.

Die weitverbreitetste Meinung ist, daß es sich bei einem Propheten um eine Person handelt, die von Ekstase ergriffen wird, wie in einem Anfall herumwirbelt und in Trance orakelhafte Aussprüche von sich gibt. Aber das ist keine christliche Prophetie!

Paulus sagt ganz defintiv: „*Die Geister der Propheten sind den Propheten untertan. Denn Gott ist nicht ein Gott der Unordnung, sondern des Friedens*" (1. Korinther 14,32-33). In die gleiche Richtung geht das, was Eusebius von Caesarea, Kirchenhistoriker des vierten Jahrhunderts, über die christlichen Propheten (die nicht ekstatisch sind) und die Propheten des Montanismus sagt.

Eusebius zitiert einen früheren Schreiber namens Miltiades, der im zweiten Jahrhundert lebte und sich gegen die Montanisten wandte:

„Ihr (der Montanisten) Widerstand und ihre Häresie, die sie vor kurzem von der Kirche getrennt hat, ist aus folgender Ursache entstanden. Es soll ein gewisses Dorf namens Arbadu in dem Teil von Mysien geben, der an Phrygien grenzt. Es wird berichtet, daß dort zu der Zeit, als Gratus Prokonsul in Syrien war, ein Neubekehrter namens Montanus durch sein unstillbares Verlangen nach Führerschaft dem Feind eine Gelegenheit gegen sich eingeräumt hat. Er fiel plötztlich in eine Art Entzückung, tobte in einer Art Raserei und Ekstase. Dabei fing er zu plappern an und gab seltsame Dinge von sich. Er weissagte auf eine Art und Weise, die nicht mit den Bräuchen der Kirche übereinstimmte, wie sie von Anfang an weitergegeben wurden.

Aber der Pseudo-Prophet spricht in einem Zustand unnatürlicher Ekstase, wo er nicht mehr Herr seiner selbst ist. Es fängt mit freiwilliger Unbedarftheit an und endet in unfreiwilliger Psychose, wie bereits geschildert. Sie können nicht auf einen einzigen Propheten des Alten oder Neuen Bundes verweisen, der durch den Geist in gleicher Weise bewegt worden wäre — weder Agabus noch Judas, weder Silas noch die Töchter des Philippus. Weder Ammia von Philadelphia noch Quadratus, noch irgendein anderer!"

In anderen Worten: Die Montanisten behaupteten, die Gabe der Prophetie zu haben, aber ihre ekstatischen Propheten verhielten sich ganz anders als die christlichen Propheten. Alle Autoritäten der frühen Kirche, vom Apostel Paulus angefangen, stellen klar fest, daß die christlichen Propheten volle Kontrolle über sich haben und daß sie nicht in Trance oder Ekstase weissagen.

Eine andere sehr verbreitete Vorstellung bezüglich eines Propheten mag mit „der Prophet — große ethisch-moralische Führergestalt“ überschrieben werden. Viele Christen leiten diese Ansicht von den großen Propheten des Alten Testaments her, von denen man sagte, daß sie das Gewissen des Volkes Israel waren. Demgemäß nennen sie jeden, der eine besondere moralische Führerschaft zu haben scheint, einen Propheten. Martin Luther King Jr., Mahatma Ghandi und andere sind so als „Propheten“ angesehen worden.

Es stimmt, die Propheten hatten eine starke moralische Führungsrolle. Aber mit der moralischen Führerschaft allein ist ihr Wirkungsbereich nicht ausreichend ausgedrückt.

Die Propheten des Alten Testaments brachten mehr als nur eine Offenlegung des moralischen Zustandes des Volkes: sie brachten eine Botschaft von Gott. Sie beanspruchten nicht, aus ihrer eigenen Einsicht in die menschlichen Angelegenheiten heraus zu sprechen, sondern sie sprachen von dem Urteil, das von Gott gefällt worden war.

Etwas ähnlich gelagert ist die Vorstellung, daß der Prophet ein großer Visionär sei. Er gilt als der Seher, der Einsicht in Dinge hat, die einem normalen Menschen nicht zugänglich sind. Aber das ist ebenfalls keine ausreichende Deutung.

Die Propheten des Alten Testaments beriefen sich nicht auf besondere Einsichten, sondern nur auf das, was ihnen von Gott geoffenbart wurde. Die Fähigkeit, die Dinge um sie herum zu verstehen und von der wirklichen Bedeutung her zu erfassen, war nicht das Ergebnis eigener „Vision“, sondern war auf die Tatsache zurückzuführen, daß Gott ihnen eine Vision und Verständnis gegeben hatte.

Schließlich haben wir noch eine Meinung über Prophetie, die gerade heute vorherrscht — der Prophet als derjenige, der zukünftige Ereignisse vorhersagt. Voraussagen kommen in der echten Prophetie vor, aber sie sind nur ein Teil der Gabe. Da, wo Paulus auf den Zweck der Prophetie eingeht, erwähnt er, daß dadurch die anderen Gläubigen lernen sollen und sie auferbaut und ermahnt/getröstet werden. Auf die Vorhersage von zukünftigen Ereignissen nimmt er gar nicht Bezug (1. Korinther 14).

Wenn wir Zukunftsvoraussagen als einziges Kriterium echter Prophetie einstufen, bekommen wir lehrmäßig bald Schwierigkeiten, denn manche, die überhaupt nicht Christen sind, können zukünftige Ereignisse richtig voraussagen. Und doch können wir ihre „Prophetie" nicht als Gottes Wort an uns akzeptieren. Israel wurde streng vor denen gewarnt, die die Zukunft voraussagten, aber nicht dem Herrn folgten:

„Wenn ein Prophet oder einer, der Träume hat, unter euch aufsteht und dir ein Zeichen oder Wunder ankündigt und das Zeichen oder Wunder trifft ein, von dem er dir gesagt hat, und er spricht: Laß uns anderen Göttern folgen, die ihr nicht kennt, und ihnen dienen, so sollst du nicht den Worten eines solchen Propheten oder Träumers gehorchen.

Denn der Herr, euer Gott, versucht euch, um zu erfahren, ob ihr Ihn von ganzem Herzen und von ganzer Seele liebhabt. Dem Herrn, eurem Gott, sollt ihr folgen und Ihn fürchten und Seine Gebote halten und Seiner Stimme gehorchen und Ihm dienen und Ihm anhangen. Der Prophet aber oder der Träumer soll sterben, weil er euch gelehrt hat, von dem Herrn, eurem Gott, abzufallen" (5. Mose 13,2-6).

Wir sehen: Jemand kann genau zukünftige Ereignisse voraussagen und doch ein falscher Prophet sein.

Wenn nun alle diese Ansichten über das, was ein Prophet ist, nicht ausreichend oder mißverständlich sind, wie können wir denn zu einer angemessenen Definition kommen? Ich glaube, die beste Ausführung über das, was ein wahrer Prophet ist, finden wir in 2. Mose, und zwar in dem Gespräch zwischen Gott und Mose.

Als Gott Mose auftrug, das Volk Israel aus Ägypten herauszuführen, versuchte Mose abzuwehren, indem er Gott sagte, daß er nicht gut reden könne. Aber Gott hatte eine Lösung für dieses Problem: Moses Bruder Aaron sollte das Reden übernehmen:

„Und siehe, er (Aaron) wird dir entgegenkommen, und wenn er dich sieht, wird er sich von Herzen freuen. Du sollst zu ihm reden und die Worte in seinen Mund legen. Und Ich will mit deinem und seinem Munde sein und euch lehren, was ihr tun sollt. Und er soll für dich zum Volk reden, er soll dein Mund sein, und du sollst für ihn Gott sein" (2. Mose 4,14-17).

In diesem Abschnitt vergleicht Gott die Rolle, die Aaron als Sprecher Moses hat, mit der Rolle, die ein Prophet als Sprecher Gottes hat.

Der gebräuchliche hebräische Ausdruck für Prophet, *Nabi*, bedeutet etwa „einer, der zum Sprecher gemacht wird". Das griechische Wort *Prophetes* bedeutet *Übersetzer* oder *einer, der anstelle eines anderen spricht.*

Wenn wir das Geschehen um Mose weiter betrachten, dann stoßen wir auf folgende Worte, die Gott an Mose richtet:

„Siehe, Ich habe dich zum Gott gesetzt für den Pharao, und Aaron, dein Bruder, soll dein Prophet sein. Du sollst alles reden, was Ich dir gebieten werde. Aber Aaron, dein Bruder, soll es vor dem Pharao reden, damit er die Israeliten aus seinem Land ziehen lasse" (2. Mose 7,1-2).

Das ist die Rolle des Propheten: Sprecher Gottes zu sein. Ein Prophet ist nicht ein Prophet aufgrund dessen, was er sagt, sondern aufgrund seiner Beziehung zu Gott. Er ist nicht durch sich selbst wichtig, sondern durch seine Funktion als Botschafter Gottes:

„Da sprach Haggai, der Bote des Herrn, der mit der Botschaft des Herrn an das Volk beauftragt war: Ich bin mit euch, spricht der Herr" (Haggai 1,13).

„Du sollst gehen, wohin Ich dich sende, und alles predigen, was Ich dir gebiete" (Jeremia 1,7).

„Und ich hörte die Stimme des Herrn, wie Er sprach: Wen soll Ich senden? Wer will unser Bote sein? Ich aber sprach: Hier bin ich, sende mich! Und Er sprach: Geh hin und sprich zu diesem Volk" (Jesaja 6,8-9).

„Du Menschenkind, Ich sende dich zu den Israeliten . . . zu denen sollst du sagen: So spricht Gott der Herr . . . Du Menschenkind, alle Meine Worte, die Ich dir sage, die fasse mit dem Herzen und nimm sie zu Ohren. Und geh hin zu den Weggeführten deines Volks und verkündige ihnen und sprich zu ihnen: So spricht Gott der Herr" (Hesekiel 2,3-4;3,10-11).

„Ich bin kein Prophet noch ein Prophetenjünger, sondern ich bin ein Hirte, der Maulbeeren züchtet. Aber der Herr nahm mich von der Herde und sprach zu mir: Gehe hin und weissage Meinem Volk Israel!" (Amos 7,14-15).

In jedem dieser Fälle nahm Gott einen Menschen und machte ihn zu Seinem Botschafter, zum Sprecher für sich selbst. Die Beziehung zwischen Gott und dem Menschen ist das Wesentliche der Prophetie.

Die Wichtigkeit der Prophetie

Die neutestamentlichen Propheten waren unter dem Volk Gottes nicht so bekannt wie ihre Vorgänger in Israel, obwohl auch sie, wie wir gesehen haben, eine wichtige Rolle spielten. Der Unterschied zwischen der Rolle des Propheten im Alten und der im Neuen Bund ist nicht das Ergebnis der Veränderung der Beziehung zwischen Gott und dem Propheten, sondern zwischen Gott und Seinem Volk als Ganzem.

Im Alten Testament war der Prophet einzigartig und ohnegleichen, weil der Heilige Geist in ihm wirkte. Er stand in direkter Verbindung mit Gott, während dies bei dem Volk als Ganzem nicht so war. Aber unter dem Neuen Bund empfangen alle Gotteskinder den Heiligen Geist und stehen so in direkter Verbindung mit Gott selbst.

Im alttestamentlichen Israel war der Prophet etwas Außerordentliches. Im „neuen Israel" stellt der Prophet nur eines von vielen Mitteln dar, durch das Gott direkt zu den Seinen spricht.

Aber die Beziehung Gottes zum Propheten, die Beziehung des Königs zum Boten, bleibt auch im Neuen Testament bestehen. Obwohl alle Gotteskinder jetzt Gottes Reden direkt, ohne die Einschaltung eines Propheten, vernehmen können, bleibt der Prophet Gottes offizieller Sprecher, der bevollmächtigt ist, öffentlich Gottes Botschaft zu verkündigen. Wenn wir Gott als den König, der Sein Volk regiert, sehen, wird mit diesem Bild die Rolle des Propheten im Alten und Neuen Bund besonders gut ersichtlich. Unter dem Alten Bund war das Volk Gottes dadurch besonders gesegnet, daß

1. Gott selbst ihr König war.
2. Gott Seine Wohnung unter ihnen hatte, mitten in ihrer Stadt.
3. Gott von Zeit zu Zeit Menschen in Seine Gegenwart rief und durch sie zu ihnen sprach.

Die große Mehrheit des Volkes konnte nicht selbst in Gottes Wohnung eintreten und die Worte aus Seinem eigenen Munde vernehmen.

Im Neuen Bund jedoch hat Gott die Tore Seines Palastes geöffnet, und alle Untertanen können selbst eintreten (Hebräer 10,19). Deshalb können die Bürger Seines Reiches das Wort von des Königs eigenen Lippen hören. Unter dieser neuen Ordnung haben wir aber trotzdem noch Propheten. Wenn der König einen Botschafter aus Seinem Volk auswählt, stattet Er ihn mit der Botschaft *und mit der Vollmacht, diese Botschaft öffentlich zu verkündigen,* aus.

Den vielen Bürgern, die in den Palast hineingehen und des Königs Botschaft direkt hören können, hat Er aber nicht die besondere Vollmacht und Autorität verliehen, öffentlich die Botschaft zu verkündigen. Der Prophet hingegen hat diese Bevollmächtigung, öffentlich das vom Herrn empfangene Wort zu verkündigen.

Laßt uns z. B. annehmen, daß der König eine Botschaft hat, die Er den Bürgern eines bestimmten Teils seines Landes zukommen lassen will. Viele der Bürger können in Seine Gegenwart kommen, aber Er wird nicht allen die Botschaft mitteilen, die Er für eine bestimmte Provinz hat. Wahrscheinlich wird Er mit den meisten über die Dinge reden, die sie betreffen und für sie von Wichtigkeit sind. Vielleicht wird er sogar einigen aus jenem Landesteil sagen, daß Er dabei ist, den Bürgern ihrer Provinz eine Botschaft zu übermitteln.

Aber es entspräche nicht der Absicht des Königs, wenn diese Bürger, nachdem sie in ihre Provinz zurückkehren, einfach öffentlich verkündigen würden, der König sage das und das. Der König hat diese Bürger weder darum gebeten, noch ihnen Vollmacht dafür gegeben, seine offiziellen Botschafter zu sein und als diese aufzutreten, denn für diese Aufgabe hat er besondere Leute ausgewählt.

Natürlich wäre es ein Fehler, solch ein Bild zu weit auszulegen. Aber zunächst kann es dazu dienen, einige Aspekte der Veränderung, die sich zwischen den alt- und neutestamentlichen Propheten ergeben hat, verständlich zu machen.

Der Prophet im Neuen Testament ist weniger auffallend,

aber seine Beziehung zu Gott als Botschafter ist dieselbe, und er erfüllt damit eine wichtige Aufgabe. Die Leitlinie des Botschafters, der Gottes Wort bringt, bleibt: *„Das sagt der Heilige Geist“* (Apostelgeschichte 21,11).

Vier wichtige Funktionen der christlichen Prophetie lassen uns ihren Wert erkennen:

Sie leitet Gottes Handeln ein

Propheten leiten häufig des Handeln Gottes unter Seinem Volk ein. Obwohl es für alle Christen möglich ist, die Stimme Gottes zu vernehmen, hören viele oft trotzdem nicht das, was Gott ihnen persönlich über Seinen Willen und Seine Pläne sagen möchte. Manchmal versagen wir dabei, den Herrn zu hören, weil wir nicht aufmerksam genug sind oder wegen ablenkender Gedanken oder persönlicher Probleme, die uns sehr beschäftigen.

Oft macht es Gott deshalb so, daß Er durch Seine Propheten zu uns spricht. Wir haben keinen Grund zu der Annahme, daß der Herr bezüglich der bevorstehenden Hungersnot, die das Römische Reich in den Jahren 49-50 heimsuchte, nur zu Agabus sprach. Und doch wurden die Gläubigen gerade durch Agabus' prophetische Botschaft aufgerüttelt und zur Einleitung von Hilfsmaßnahmen für die Christen in Judäa veranlaßt (Apostelgeschichte 11,27-30).

In ähnlicher Weise sprach der Herr durch Prophetie zu einer Gruppe von Christen in Beirut im Libanon während des Bürgerkrieges im Herbst 1975. Die Botschaft war, daß sie ihre Häuser verlassen und vorübergehend Zuflucht in den USA suchen sollten. Vor diesem Reden Gottes hatten alle den Eindruck, daß sie trotz der schweren Kämpfe, die in der Stadt tobten, weiter in Beirut beiben sollten. Nach dieser Botschaft aber packten sie ihre Sachen und verließen das Land. Kurz nach ihrer Abreise kam der Teil der Stadt, in dem sie lebten, unter heftigen Beschuß, und das Gebäude, in dem sie wohnten, wurde von Bomben getroffen.

Sie weckt Gotteskinder auf, des Herrn Wort zu hören

Durch Propheten werden die Gläubigen aufmerksam, Gottes Wort zu hören. Bei der Prophetie an die Gemeinde in Sardes heißt es: „*Werde wach und stärke das andere, das sterben will.*“ Sie sollten aus dem Schlaf aufgerüttelt werden, durch den sie in Gefahr standen, ihr Leben zu verlieren. Nicht daß die Christen in Sardes nicht selbst das hätten hören können, aber sie hörten einfach nicht hin.

Ich erinnere mich an die Zeit vor zwei Jahren, als unsere Gemeinschaft ihre Lebendigkeit zu verlieren schien. Wir redeten selten über das, was der Herr zu uns sagte oder wohin Er uns führte. Dann aber sprach der Herr durch Prophetie zu uns: „Tut Buße und bringt Mich wieder in die Mitte eures Lebens und eurer Aufmerksamkeit, wohin Ich auch gehöre.“

Es war wie ein Aufwachen: Wir wurden uns unserer zunehmenden Apathie und Teilnahmslosigkeit bewußt. Dadurch erhielten wir auch den Anstoß, uns wieder neu dafür zu öffnen, daß wir alle Gottes Wort vernehmen, darauf eingehen und sein Wirken erleben wollten. Das prophetische Wort öffnete uns die Ohren und entfachte in unseren Herzen erneut das Verlangen, Gottes Willen für uns zu suchen und zu erkennen.

Sie verkündigt öffentlich das Wort des Herrn

Das prophetische Wort ist ein öffentliches Wort. Es soll die Aufmerksamkeit einer ganzen Anzahl von Menschen auf die Botschaft lenken, die der Herr zu verkündigen hat. Wenn wir als Gemeinschaft darauf eingehen sollen, muß uns das Wort öffentlich, also gemeinsam, gebracht werden.

Prophetie ist zwar nicht die einzige Art und Weise, wie das Wort des Herrn öffentlich bekannt gemacht werden kann, aber trotzdem ist Prophetie oft das Mittel, das Gott auswählt, um die allgemeine Aufmerksamkeit auf das Wort zu lenken, das Er uns geben möchte.

Sie setzt die Kraft des Heiligen Geistes frei

Durch die Gabe der Prophetie wird die Kraft des Heiligen Geistes, die durch das Wort Gottes wirksam wird, unter uns freigesetzt. Wenn jemand prophetisch spricht, ist der Heilige Geist sowohl bei dem, der spricht, als auch bei dem, der zuhört, am Wirken. Das ist eine sehr wichtige Wahrheit und ein Schlüssel zum Verständnis der Kraft des prophetischen Wortes: Wenn Gott spricht, geschieht etwas. *„Der Himmel ist durch das Wort des Herrn gemacht und all Sein Heer durch den Hauch Seines Mundes"* (Psalm 33,6).

Gottes Wort ist ein Wort der Kraft. In der Vision Hesekiels erweckte der Herr die Totengebeine zum Leben, nachdem Er Hesekiel geheißen hatte, zu den Totengebeinen zu sprechen. Hesekiel berichtet: *„Und ich weissagte, wie mir befohlen war. Und siehe, da rauschte es, als ich weissagte, und siehe, es regte sich, und die Gebeine rückten zusammen"* (37,7). Eine sehr reale Kraft ist im prophetischen Wort, eine Kraft, die Menschen verändern kann. Sie kann den Ablauf der Naturgesetze und der Geschichte verändern. *„Siehe, so will ich Mein Wort in deinem Mund zu Feuer machen und dies Volk zu Brennholz, daß es verzehrt werde"* (Jeremia 5,14).

Das Aussprechen des prophetischen Wortes bringt die Kraft Gottes zur Wirkung. Vor vier Jahren stand bei einer Versammlung unserer Gemeinschaft einer der führenden Leute auf und sagte: „Ich glaube, daß der Herr mir gezeigt hat, daß ein Mann hier anwesend ist, der in Sünde lebt."

Er beschrieb anschließend die Umstände, in denen dieser Mann lebte, und sagte ihm, daß er sich gerade jetzt Gott zuwenden und Vergebung und lebensverändernde Kraft empfangen könne.

Am Ende der Versammlung stand ein junger Mann auf und gab bekannt, daß er der Mann sei, zu dem Gott gesprochen hatte. Er wurde an jenem Abend Christ. Er kannte vieles aus der Bibel, aber als das Wort des Herrn durch die Prophetie direkt zu ihm kam und er darauf einging, erfuhr er eine Veränderung seines Herzens, und das Verlangen erwachte, als Christ zu leben. Das prophetische Wort führte zur Veränderung.

Der Zweck der Prophetie

Gott sendet Sein Wort aus einer gewissen Absicht heraus. Es soll etwas Bestimmtes ausrichten:

„Denn gleichwie der Regen und Schnee vom Himmel fällt und nicht wieder dahin zurückkehrt, sondern feuchtet die Erde und macht sie fruchtbar und läßt wachsen, daß sie Samen gibt zu säen und Brot zu essen, so soll das Wort, das aus Meinem Munde geht, auch sein: Es wird nicht wieder leer zu Mir zurückkommen, sondern wird tun, was Mir gefällt, und ihm wird gelingen, wozu Ich es sende" (Jesaja 55,10-11).

Es gibt vier deutliche Absichten, die Gott mit der prophetischen Gabe an die Gemeinde verfolgt:

Ermutigung und Ermunterung

Meistens ist Gottes Wort, das durch Prophetie kundgetan wird, eine Botschaft der Ermutigung oder Ermahnung. Paulus führt Ermunterung bzw. Ermahnung als Absichten der Prophetie auf (1. Korinther 14,3), und Apostelgeschichte 15,32 berichtet von den Propheten Judas und Silas, die die Gläubigen in Antiochia ermunterten (Elberf.) und stärkten.

Ermutigung im neutestamentlichen Sinn soll den Geist der Angesprochenen wiederbeleben, soll sie stärken und ihnen Hoffnung geben. Jedes Gotteskind kommt zu bestimmten Zeiten in Schwierigkeiten oder erfährt Widerstand und bedarf in dieser Zeit der besonderen Zusage, daß Gott mit ihm ist, daß Er helfen wird und daß es von Gott geliebt ist.

Ein gutes Beispiel, wie Gott durch Prophetie Ermutigung bringt, finden wir im Buch Haggai. Die Juden, die aus der Verbannung nach Jerusalem zurückkehrten, hatten angefangen, die Stadt und den Tempel wiederaufzubauen, aber der Druck der sie umgebenden Feinde hatte sie bald zur Einstellung der Arbeit veranlaßt. 18 Jahre später erging ein Wort des Herrn zur Ermutigung an das Volk. Durch Seinen Botschafter Haggai gab Er ihnen Zuversicht, wieder an die Arbeit zu gehen:

„Da sprach Haggai, der Bote des Herrn, der mit der Botschaft des Herrn an das Volk beauftragt war: Ich bin mit euch, spricht der Herr. Und der Herr erweckte den Geist Serubbabels, des Sohnes Schealtiels, des Statthalters von Juda, und den Geist Jeschuas, des Sohnes Jozadaks, des Hohenpriesters, und den Geist aller übrigen vom Volk, daß sie kamen und arbeiteten am Hause des Herrn Zebaoth, ihres Gottes" (Haggai 1,13-14).

Viele prophetische Botschaften, die wir hören, sind so einfach und unspektakulär wie die Botschaft, die Gott durch Haggai an die Israeliten richtete: *„Ich bin mit euch, spricht der Herr."* Und doch wirkt dieses einfache Wort, das im Gauben angenommen wird, ungeheuer ermutigend. Es ist scheinbar nur eine einfache Zusage der Fürsorge und Unterstützung, aber sie kommt von Gott.

Überführung, Ermahnung, Korrektur

Der Heilige Geist will uns unsere Sünde zeigen, so daß wir uns von ihr trennen und von ihrer Tyrannei befreit werden. Bei diesem Aspekt seines Wirkens kann der Heilige Geist mit einem Verteidiger vor Gericht verglichen werden.

In den meisten Gerichtsverfahren gibt es zwei Leute, die dem Angeklagten sein Fehlverhalten anzeigen. Der Staatsanwalt (Anklagevertreter) will es aufdecken, um eine gerechte Strafe fordern zu können. Der verteidigende Anwalt zeigt dem Angeklagten zwar ebenfalls, was er falsch gemacht hat, aber versucht, ihm zu helfen und ihn freizubekommen.

Satan, der Ankläger, gleicht in diesem Bild dem Staatsanwalt. Sein Ziel ist die Verurteilung. Aber der Heilige Geist, wie der verteidigende Anwalt, offenbart unsere Sünde und hilft uns, sie loszuwerden.

Der Herr spricht: *„Deine Ohren werden hinter dir das Wort hören: Dies ist der Weg, den geht! Sonst weder zur Rechten noch zur Linken!"* (Jesaja 30,21). Ja, Gott will uns zeigen, was wir falsch gemacht haben. Er will uns mahnen, wenn wir dabei sind, etwas Böses zu tun. Wir sollen dem Betrug und der Kraft der Sünde entfliehen. Durch die Gabe der Prophetie hören wir

Seine Stimme: „Lege deinen Zorn, deinen Neid, deine Reizbarkeit ab. Wende dich Mir zu!“

Prophetische Ermahnung oder Korrektur kann sowohl an mehrere Personen als auch an eine einzelne gerichtet sein. Vor einigen Monaten kam ein jungverheiratetes Paar, das noch nicht gläubig war, zu uns in die Versammlung. Die beiden suchten Gott, aber waren noch nicht sicher, ob Er wirklich im Christentum gefunden werden konnte. Sie hatten auch in ihrer Beziehung zueinander Probleme: Eifersucht, Groll usw. Bei einer der ersten Versammlungen, die sie besuchten, geriet der Mann wieder schwer in Zweifel, ob das Christentum wirklich die wahre Hoffnung war. Verzweifelt sprach er innerlich ein Gebet und bat Gott um ein Zeichen, wenn die Lösung tatsächlich hier lag.

Als er gerade dieses stille Gebet zu Ende gesprochen hatte, stand ein junger Mann auf und sprach: „Ich glaube, daß Gott mir ein junges Paar gezeigt hat, das heute abend anwesend ist (Es waren etwa 600 Personen versammelt). Sie suchen Gott, aber sie sind in Zweifel und Verwirrung. Außerdem haben sie Probleme in ihrer Beziehung zueinander durch Eifersucht und Groll.“

Er fuhr dann fort und sagte ihnen im Namen des Herrn, daß Gott, wenn sie ihr Vertrauen auf Ihn setzten und einander vergäben, sich ihnen offenbaren und ihre Ehe zurechtbringen würde. Der junge Mann war wie vom Blitz getroffen. Der Redner hatte seine Situation perfekt beschrieben und auch gleichzeitig die Lösung aufgezeigt.

Der Mann, der weissagte, hatte die beiden weder gesehen noch von ihnen gehört. Das junge Paar ging auf Gottes Wort ein. Sie wurden beide gläubig und leben nun harmonisch miteinander.

Inspiration

Sehr oft wirkt Prophetie in der Gemeinde als Quelle der Inspiration. Wenn die Gabe auf diese Weise wirkt, geht es mehr um das, was der Heilige Geist an den Herzen tut, als um das, was er zu ihnen spricht. Natürlich, Prophetie ist eine Gabe, die sich im Reden ausdrückt, und es wird auch immer etwas gesagt werden. Aber bei der inspirierenden Prophetie geht es nicht so sehr darum, Informationen weiterzugeben, als ein Echo hervorzurufen.

Mir haben schon öfters Leute aus der Gemeinde gesagt, sie machten sich Sorgen darum, daß sie nicht immer all das behalten könnten, was im Gottesdienst an Weissagung gesagt wurde. Natürlich ist das ein Problem, wenn der Herr uns leiten und etwas Spezielles sagen möchte. Oft ist es jedoch die Absicht des Heiligen Geistes, die Gemeinde in eine Haltung der Anbetung und des Lobpreises zu bringen. In diesem Fall kommt es einfach darauf an, auf Gottes Geist einzugehen. Dabei ist es gar nicht so wichtig, sich des genauen Wortlauts der Prophetie zu erinnern.

Prophetie scheint in der frühen Kirche einen wichtigen Platz im Gottesdienst eingenommen zu haben (siehe Didache 10). Die Gabe machte es dem Propheten möglich, die Gläubigen in Lobpreis und Danksagung zu führen. Ich habe den Wert der Prophetie bei der Anbetung in unserer eigenen Gemeinschaft und vielen anderen bemerkt. Sie bringt den Heiligen Geist in wunderbarer Weise in die Gemeinschaft hinein. Sie inspiriert buchstäblich die Anwesenden.

In 1. Chronik 25,3 lesen wir von einem Propheten, der auf der Harfe spielte. Es gibt Grund zu der Annahme, daß zumindest Teile der Psalmen prophetische Äußerungen waren, die in den damaligen Gottesdiensten ihren Ursprung hatten (z. B. Psalm 46,11; 81,6-17).

Die folgende Prophetie, die in einer unserer Versammlung gegeben wurde, ist ein Beispiel einer inspirierenden Prophetie, die zur Anbetung und Verherrlichung Gottes aufruft:

„Ja, Mein Volk, liebe Kinder,
kommt in Meine Gegenwart, kommt zu Mir.
Betet Mich an, Ich bin mitten unter euch.
Öffnet Mir eure Herzen:
Laßt sie Mich mit Meiner Liebe füllen.
Laßt mich euch mit Meiner Gerechtigkeit bekleiden,
während ihr euch vor Mir beugt.
Ich bin der Herr, euer Gott, der Mächtige.

Ich versichere euch Meiner Liebe,
Ich versichere euch, daß Ich mit euch bin.
Öffnet Mir eure Herzen,
gebt Mir euer Leben.

Richtet euch auf Mich aus.
Wenn Ich euch bitte, kommt.
Erkennt die Liebe eures Gottes.
Ja, Ich bin mit euch."

Führung

In der ganzen Schrift lesen wir immer wieder davon, wie Gott zu Seinem Volk spricht, um es auf Seinem Weg zu leiten. Manchmal war Seine Führung ganz grundlegend. Er zeigte dem Menschen den Weg auf, wie er Ihn erkennen und Ihm folgen konnte.

Aber dann gab es auch ganz spezifische Führung, die so weit gehen konnte, daß Er Israel sagte, welche politischen Verbindungen es aufnehmen sollte. Oder daß Er einen Mann warnte, daß er innerhalb eines Jahres sterben würde (Jeremia 28,16).

Im Neuen Testament lesen wir, daß Gott, wie bereits erwähnt, vor einer Hungersnot warnte (Apostelgeschichte 11,27-30). Viele glauben auch, daß der Herr Prophetie gebrauchte, um die Christen vor der bevorstehenden Zerstörung Jerusalems zu warnen, so daß sie vor dem römischen Angriff bereits zu dem in der Nähe gelegenen Ort Pella ausgezogen waren.

Die Führung, die die erwähnten Christen in Beirut erhielten, ist ein Gegenstück unserer Tage dazu.

Die Führung, die wir von Gott empfangen, kann wichtige Fragen der Richtung, die wir einschlagen sollen, beantworten, aber auch Fragen in bezug auf besondere individuelle Nöte. Petrus empfing prophetische Weisung bezüglich der Errettung der Heiden (Apostelgeschichte 10,9-16), und Paulus erklärt, daß den Aposteln und Propheten durch den Geist das geoffenbart wurde, was in früheren Zeiten den Menschen nicht kundgemacht wurde (Epheser 3,5).

Die Kirche heute braucht Gottes Führung und Anweisungen genauso wie früher. Die Schwierigkeiten und Probleme, die denen gegenüberstehen, die das Evangelium ausbreiten, sind beträchtlich, ja unüberwindlich, es sei denn, Gott gibt die Mittel, sie zu überwinden. Die direkte Führung Gottes ist möglich, wenn wir sie brauchen. Die Gabe der Prophetie ist eines der wichtigsten Mittel, durch das Gott uns leiten und anweisen kann, und wir sollten nicht ohne sie sein.

Bei mindestens zwei Gelegenheiten war ich bei Planungsversammlungen dabei, wo prophetische Führung eine entscheidende Rolle spielte. Bei der ersten hatte die Gruppe, mit der ich arbeitete, keine innere Klarheit darüber, wie die Arbeit weiter verlaufen sollte. Wir gingen ins Gebet, wobei eine Person weissagte. Die Worte waren eine direkte Weisung für die Versammelten: „Bringt zuerst eure Beziehung untereinander in Ordnung."

Die angesprochenen Beziehungen waren nicht nur persönliche, sondern auch arbeitsmäßige Beziehungen am gemeinsamen Werk. Wir folgten dieser Anweisung, und das Ergebnis war erstaunlich. Bei der anschließenden Unterredung ergab sich eine klare Richtung, die seither das ganze Leben unserer Gemeinschaft geformt hat.

Der zweite Fall, bei dem prophetische Weisung entscheidend war, ereignete sich vor fast einem Jahr. Wir hatten uns Ziele gesetzt, aber so sehr wir uns auch mühten, wir konnten keinen Weg finden, sie auch zu erreichen. Wir hatten einfach zu viele Aufgaben für zu wenige Leute. So wandten wir uns an Gott und baten um Hilfe und Rat. Wir baten den Herrn, jedem von uns Anwesenden zu zeigen, was er tun solle. Das Ergebnis: Jeder von uns erhielt ganz spezifische Anweisung, und als das Ganze zusammengebracht wurde, hatten sich alle Probleme gelöst. Gott hatte uns durch eine Offenbarung das gezeigt, was wir selbst nicht herausfinden konnten.

Das Vertrauen auf Prophetie, die uns leitet, kann aber enttäuscht werden, wenn wir erwarten, daß uns für jede Entscheidung, der wir gegenüberstehen, Prophetie gegeben wird. Wenn dem so wäre, könnten wir meinen, wir brauchten selbst überhaupt nicht mehr nachzudenken, sondern müßten nur lange genug warten, dann käme die Antwort durch Prophetie.

Aber das Bestreben, den Mißbrauch zu vermeiden, darf nicht der Grund sein, Prophetie überhaupt zu meiden.

Die Hilfen, die Propheten im Alten Testament gaben, sind auch im Neuen möglich. Wenn wir vor einer wichtigen Entscheidung stehen, können wir die Propheten fragen, ob sie ein Wort des Herrn haben.

Propheten des Alten Testaments konnten nicht garantieren, daß sie, wenn sie in einer Sache befragt wurden, ein Wort des Herrn erhalten würden, aber sie hatten den erwartenden Glauben, daß dann, wenn Sein Volk aufrichtig Seinen Willen erfahren und tun wollte, der Herr ihnen die Kundgabe nicht vorenthielt.

Oft gibt Gott wegweisende Prophetie, wenn wir es gar nicht erwarten. Und wiederum, wenn wir prophetische Führung erwarten, kann es sein, daß Er gar nicht durch Prophetie zu uns spricht. Trotzdem: Wenn wir Glauben haben, daß Gott uns führen will, und Er will es ja, wird viel Führung durch Prophetie kommen.

Alles in allem: Der Zugang zu den Gedanken des Herrn, welcher durch die Gabe der Prophetie ermöglicht wird, ist etwas sehr Wertvolles. Wichtig genug, daß wir uns alle, wie Paulus bittet, um die Gabe der Prophetie bemühen sollten (1. Korinther 14,1).

3

Die Rolle des Propheten

Wenn wir den Propheten in seiner Bedeutung als Botschafter Gottes betrachten, stehen zwei wichtige Aspekte im Vordergrund: einmal der göttliche Ursprung des Wortes und zum anderen die Ermächtigung durch Gott, diese Botschaft öffentlich zu verkündigen. Wenn wir jedoch das Bild des Propheten nur auf die Elemente, die seiner Bedeutung als Botschafter zugrunde liegen, begrenzen, umfassen wir nicht die mannigfaltigen Aufgaben, die Gott ihm überträgt.

Die Propheten sahen sich wohl als Gottes Boten (Jesaja 44,26; Haggai 1,13), aber des weiteren auch als Seine Knechte (Jesaja 20,3; Amos 3,7; Jeremia 7,25) und als Wächter (Jesaja 62,6; Jeremia 6,17; Hesekiel 3,17).

Die Propheten waren mit einem Auftrag betraut, der viel mehr verlangte, als passiv zu bleiben und auf Inspirationen zu warten, die hin und wieder kommen würden. Wenn ein Mensch einmal erkannt hatte, daß er als Prophet berufen war, gab er sich dieser Aufgabe von ganzem Herzen und sehr aktiv hin. Ein bekannter Theologe drückte es so aus: „Wir können ganz richtig von einem prophetischen Amt reden, das auf der einen Seite aus Bindung und Hingabe besteht und auf der anderen Seite aus Freiheiten und Vollmacht."

Die Propheten suchten Gelegenheiten, die Botschaft zu verkündigen, die sie von Gott empfangen hatten. Um seinem Auftrag gerecht zu werden, heiratete Hosea eine Prostituierte, Jeremia sah ganz von Heirat ab (Hosea 1,2; Jeremia 16,2), Amos verließ Haus und Hof (Amos 7,12).

Auch im Neuen Testament hat der Prophet eine besondere Rolle. Während verhältnismäßig viele Christen von Zeit zu Zeit weissagen oder in einem bestimmten Zeitabschnitt regelmäßig prophezeien, sind es aber nur wenige, die besonders dazu bestimmt sind, die Rolle eines Propheten einzunehmen.

Avery Dulles schreibt: „In der Apostelgeschichte (2,16-36) führt Petrus das Pfingstwunder als Beweis dafür an, daß die Gemeinde eine prophetische Gemeinschaft darstellt, die durch den Heiligen Geist inspiriert wird. Gott hatte Joels Verheißung erfüllt, daß Söhne und Töchter weissagen sollen. Aber vom übrigen Neuen Testament her wird klar, daß nur bestimmte einzelne Personen dazu berufen werden, den Dienst eines Propheten auszuüben" (Römer 12,6; 1. Korinther 12,7-10,28-29).

Nicht alle, die prophezeien, sind Propheten. Paulus sagt in 1. Korinther 14, daß alle prophetisch reden können (Vers 31), aber er stellt auch die Frage: „Sind sie alle Propheten?", worauf die Antwort „nein" lauten muß.

Paulus spricht von den „Geistlichen" (pneumatika) und von den „Gaben des Geistes" (charismata). (Die Elberf. Übersetzung setzt bei ersteren das Wort *Gaben* in Klammern, weil dies bereits Auslegung ist.) Man kann diese „Geistlichen" als Manifestationen oder Durchbrüche der Kraft des Heiligen Geistes bezeichnen, wie sie in der Prophetie oder in Heilungen, Wunderwirkungen usw. zum Ausdruck kommen.

Eine Gabe des Heiligen Geistes ist jedoch eine Ausrüstung, die dem einzelnen gegeben wird, um seinen besonderen Dienst im Volke Gottes zu erfüllen.

In anderen Worten: Paulus sagt, daß viele durch das Wirken des Heiligen Geistes weissagen, aber nur wenige die „Gabe" haben, Prophet zu sein.

Ein alttestamentlicher Prophet wußte: Wenn die Israeliten das Wort Gottes brauchten, kam es auf ihn an, vor Gott zu treten und darum zu bitten. Das war seine Aufgabe und Rolle als Prophet. Er wußte des weiteren, daß seine Aufgabe, das Wort Gottes weiterzugeben, nicht dadurch erschöpft war, daß er die

Botschaft einmal verkündigte. Nein, er verkündigte sie immer wieder, sobald sich Gelegenheit dazu ergab.

Jeremia weissagte und ließ die Botschaft auf Gottes Befehl hin aufschreiben, so daß sie dem König vorgelegt werden konnte (Jeremia 36). Hesekiel erhielt von Gott gesagt, daß seine Aufgabe nicht nur den Empfang und danach die Verkündigung des Wortes umfaßte, sondern auch die aktive, fortwährende Verantwortung und Aufmerksamkeit, daß das Wort wieder verkündigt wurde, wenn sich die Gelegenheit dazu bot (Hesekiel 3).

Die Rolle des Propheten

Der neutestamentliche Prophet hat eine Funktion, die ebenfalls Verantwortung und Aufmerksamkeit verlangt. Seine Rolle kann unter fünf Kurzbeschreibungen dargestellt werden:

Das Wort empfangen und verkündigen,
aktiv Gottes Willen und Wort suchen,
die prophetische Gabe erwecken und entfalten,
über das empfangene Wort wachen,
daß es Widerhall findet und erfüllt wird,
vor Gott für die Gemeinde eintreten.

Das Wort empfangen und verkündigen

Vielleicht könnte man es treffender als „eingehen auf die Impulse des Geistes“ bezeichnen. Ein entscheidender Teil des prophetischen Dienstes stellt das sofortige, gehorsame Eingehen auf das Drängen des Heiligen Geistes dar. Daraus ergibt sich, daß man bewegt wird, eine Botschaft zu bringen, eine prophetische Handlung zu vollziehen oder auch, sich vom Reden für einige Zeit zurückzuhalten. Gott sagte zu Hesekiel: *„Du wirst aus Meinem Munde das Wort hören und sollst sie in Meinem Namen warnen“* (Hesekiel 3,17).

Als Gott Jeremia auftrug, in das Haus des Töpfers zu gehen, folgte Jeremia dieser Anweisung. Als Gott Jesaja unterrichtete, daß König Hiskia von seiner Krankheit genesen würde, ging Jesaja sofort zum König, um ihm diese Botschaft zu überbringen, obwohl er erst kurz zuvor prophezeit hatte, daß der König nicht genesen würde (2. Könige 20,1). Als Agabus hörte, wie ihm der Geist sagte, er solle die Hände des Paulus binden und weissagen, kam er dem nach (Apostelgeschichte 21,11).

Von welchem Nutzen ist ein Knecht, der nicht seines Herrn Willen ausführt? Welchen Nutzen hat ein Botschafter, der nicht die Botschaft, die er empfangen hat, überbringt? Paulus wäre schuldig geworden, wenn er nicht auf den mazedonischen Ruf, der durch ein Traumgesicht erfolgte, eingegangen wäre (Apostelgeschichte 16,9). Derselbe Tadel fällt auf den Propheten, der ein Wort vom Herrn hört und unterläßt, es zu verkündigen.

Aktiv Gottes Willen und Wort suchen

Der Prophet trägt die Verantwortung, sich ständig in der Gegenwart Gottes zu bewegen und das Wort des Herrn zu suchen. Er mag den Herrn um Führung und Anleitung bitten, um Ermutigung oder Ermahnung. Wenn die Gemeinde Führung braucht, darf sie auf die Propheten schauen, ob sie ein Wort des Herrn haben. Wenn sich also die Gemeinde zum Gottesdienst versammelt, wird sie aufmerksam sein, ob nicht die Propheten ein inspiriertes Gebet oder Lied oder Wort der Erbauung, der Ermahnung oder der Tröstung haben (1. Korinther 14,3).

Ich durfte schon etliche Male Zeuge davon sein, daß Gott ein prophetisches Wort gab, als die Gläubigen solch ein Wort brauchten. Ich habe aber auch erlebt, daß Gott es nicht getan hat. Ich habe bereits von zwei Versammlungen gesprochen, bei denen Gott durch Prophetie sehr praktische Lösungen für auftretende Probleme gab. Vor diesen Versammlungen waren wir gar nicht besonders zuversichtlich, daß Gott wegen dieser doch ziemlich profanen Dinge zu uns reden würde. Und doch erhielten wir prophetische Offenbarung, als wir darum baten.

Während ich dieses Buch schreibe, hatten einige Glieder unserer Gemeinde versucht, eine Lösung für entstandene Probleme zu finden, die z. B. auch einen Mangel an Büroraum einschlossen. Sie hatten den Herrn gebeten, ihnen zu zeigen, was sie tun sollten. Aber bisher, zumindest bis jetzt, hat es in dieser Angelegenheit keine prophetische Weisung gegeben.

Es ist ganz richtig, daß Propheten Gott um ein Wort in dieser oder jener Angelegenheit bitten. Vielleicht wird Gott reden, vielleicht aber auch nicht. Der Botschafter soll in die Gegenwart Gottes treten, fragen und bereit sein, jedes Wort, das der Herr zu geben bereit ist, aufzunehmen und dann zu übermitteln.

Die prophetische Gabe erwecken und entfalten

Paulus erklärt im 1. Korintherbrief, daß die Geister der Propheten den Propheten untertan sind. Eine Übersetzung drückt es so aus: *„Wer Weissagungen von Gott empfängt, hat es in seiner Gewalt, wann er sie weitergibt“* (14,32). Paulus meint hauptsächlich, daß die Propheten sich von der Weissagung zurückhalten können, wenn sie wollen bzw. es ihnen richtig scheint. Ich glaube, das ist durchaus ein positiver Aspekt, daß der Prophet Kontrolle über seine Gabe hat.

Wenn Gott jemandem eine Verantwortung in der Gemeinde überträgt, stattet Er ihn auch mit den dazu notwendigen Gaben aus. Gott gibt keinem den Auftrag, Evangelist zu sein, ohne daß Er ihm nicht auch die Gabe zur Evangelisation gibt. Und weil derjenige auf Gottes Kraft in dem ihm zugewiesenen Dienst vertrauen kann, kann er auch Initiativen in diesem Dienst ergreifen.

Zum Beispiel kann eine Person, die weiß, daß Gott sie in den evangelistischen Dienst gerufen hat, sich selbst Situationen suchen, wo sie evangelistisch tätig werden kann. Sie kann versuchen, wie es Paulus in Athen und Korinth gemacht hat, Leute um sich zu scharen, um ihnen die gute Nachricht zu predigen. Sie kann dabei erwarten, daß der Herr ihr die notwendige geistliche Kraft gibt, die Herzen der Menschen mit dem Evangelium zu erreichen.

Dieselbe grundsätzliche Wahrheit gilt auch für den prophetischen Dienst. Wenn Gott jemand mit der Aufgabe betraut, der Gemeinde als Prophet zu dienen, kann derjenige auch mit Gottes Kraft rechnen, wenn er dabei ist, prophetisch zu dienen. Auch kann er durchaus die Initiative ergreifen. Keiner kann prophetisch reden, es sei denn, der Heilige Geist wirkt in ihm, aber ein Prophet kann die Gabe, die ihm gegeben ist, anfachen und mehr und mehr zur Wirkung bringen. Paulus schrieb Timotheus, er solle die Gabe, die in ihm ist, erwecken (andere Übersetzungen: anfachen, zur vollen Wirkung kommen lassen).

Die Gaben des Geistes können als Mittel oder Werkzeuge verstanden werden, die Gott gibt, um den Leib Christi zu erbauen (siehe Epheser 4,7-16). Diejenigen, denen diese Werkzeuge gegeben wurden, sind mit einer demgemäßen Aufgabe betraut. Ein Beispiel: Ein Zimmermann wird die Aufträge bekommen, für die er ausgebildet ist und für die er die entsprechenden Werkzeuge hat. Der Architekt gibt ihm nicht für jeden Nagelschlag neue Anweisung, sondern gibt ihm einen Plan, nach dem er vorgehen und seine Arbeiten erledigen soll.

Das bedeutet nicht, daß ein Prophet weissagen kann, was immer er will und wann immer er Lust hat. Prophetie ist immer von der Tätigkeit und Wirksamkeit des Heiligen Geistes abhängig. Aber es bedeutet, daß der Prophet die Kraft des Heiligen Geistes zur Wirkung kommen lassen kann. Er kann die prophetische Gabe aktivieren, wenn die Situation es verlangt.

In anderen Worten: Der Prophet kann weissagen, wenn es ihm passend erscheint — solange er ein Wort des Herrn hat. Jeremia mußte nicht passiv warten, bis ihn ein Moment der Inspiration traf. Er kannte das Wort des Herrn für Israel, und er konnte die Kraft seiner prophetischen Gabe aktivieren, indem er das Wort verkündigte. Die Fähigkeit des Propheten, auf seine Initiative und Einschätzung hin tätig zu werden, berührt einen wichtigen Punkt im Verständnis der Kraft, die im prophetischen Wort selbst liegt.

Prophetie ist mehr als ein reines Überbringen einer Botschaft. Hier geht es auch um ein Tätigwerden des Heiligen Geistes, um die Freisetzung der Kraft des Geistes. Die geistliche Kraft ist ein wichtiges Element der prophetischen Gabe. Jeder

Christ, der des Herrn Wort für eine bestimmte Zeit und einen bestimmten Ort kennt, kann das Wort wiedergeben. Aber ein Prophet kann das Wort *weissagen*. Er kann es in voller Autorität verkündigen und kann erwarten, daß Gott durch seine Aussagen wirkt.

Über das prophetische Wort wachen

Gott sprach mit Hesekiel, Jeremia, Jesaja und anderen Propheten Israels und machte ihnen klar, daß ihre Verantwortung über die erstmalige Verkündigung Seines Wortes, das Er ihnen gab, hinausging. Sie sollten danach fortfahren, dieses Wort zu verkündigen, bis Israel schließlich darauf einging oder es verwarf. So kann auch eine Person, die in der Gemeinde die Rolle eines Propheten ausübt, das Wort, das sie erhalten hat, wiederholen, bis die Gotteskinder es hören und darauf eingehen.

Vor Gott für die Gemeinde eintreten

Ich glaube, daß es ein wesentlicher und unerläßlicher Teil der Aufgabe des Propheten ist, im ständigen Gebet für die Gemeinde zu verharren. Die Propheten, denen die Gedanken des Herrn offenbart wurden, waren in der Lage, wirksamer als andere zu beten. Sie hatten ein klareres Bild dessen, was Gott tat, und wußten, wann Gebet dringend nötig war.

Sie konnten auch „prophetische Gebete" darbringen, in denen der Heilige Geist sie in der Art des Gebets und in den Worten leitete. *„O Jerusalem, Ich habe Wächter über deine Mauern bestellt, die den ganzen Tag und die ganze Nacht nicht mehr schweigen sollen. Die ihr den Herrn erinnern sollt, ohne euch Ruhe zu gönnen. Laßt Ihm keine Ruhe, bis Er Jerusalem wieder aufrichte"* (Jesaja 62,6).

Ein Prophet öffnet sich also nicht nur für eine mögliche Inspiration des Heiligen Geistes, sondern ihm ist eine Aufgabe zugewiesen, die Verantwortungsbewußtsein und Wachsamkeit von seiner Seite her erfordert. Er muß in der Rolle, die Gott ihm zugeordnet hat, aktiv werden.

Eine prophetische Gabe erkennen

Die alttestamentlichen Propheten wußten, daß sie Propheten waren, weil sie eine definitive und lebensbestimmende Begegnung mit Gott hatten, in der sie klar mit der prophetischen Aufgabe betraut wurden. Diese Begegnung machte sie zu Propheten.

Das Neue Testament enthält keine Berichte über solche prophetischen Berufungen. Zweifellos gab es aber welche, die von Gott solch einen Ruf erhielten. Zumindest bei Paulus wissen wir, daß er seinen Dienst als Apostel auf solch einen Ruf hin aufnahm (Apostelgeschichte 13,1-2; Galater 1,1).

Und wir wissen, daß Timotheus unter Weissagung eine besondere geistliche Gabe gegeben wurde (1. Timotheus 4,14). Wir können deshalb davon ausgehen, daß einige Propheten einen direkten Ruf zum prophetischen Dienst erhielten.

Aber ob nun eine Person einen direkten Ruf erhielt oder nicht, in der Gemeinde liegt die Entscheidung, wer die Funktion eines Propheten ausüben darf, bei den Ältesten, nicht bei den Propheten (siehe 5. Kapitel).

Es stellt sich deshalb die Frage, wie denn ein echter Prophet identifiziert werden kann. Zwei Gebiete sollten hier geprüft werden: Der persönliche Wandel des Propheten und die Ausübung der Gabe der Prophetie.

Der Wandel des Propheten

Keiner kann in einer verantwortlichen Position wirksam Gott dienen, wenn nicht sein Leben fest und stabil ist, sowohl im christlichen als auch allgemein menschlichen Sinn. Einer Person, die emotionale oder psychologische Probleme hat, kann keine Position der Verantwortung und Autorität in der Gemeinde eingeräumt werden. Gott bietet Heilung und Kraft an, aber diejenigen, die das brauchen, sollten erst Heilung erfahren haben, bevor ihnen erlaubt wird, im prophetischen Dienst tätig zu werden (oder in irgendeinem anderen verantwortlichen Dienst). Einer Person, die keinen zeugnishaften christlichen Wandel zeigt, sollte keine Führungsposition in der Gemeinde eingeräumt werden.

Wir werden ab und zu Personen treffen, die eindrucksvoll geistliche Gaben zu betätigen scheinen und die versuchen, aufgrund dessen einen Dienstplatz in der Gemeinde zu beanspruchen. Häufig ist sogar die geistliche Kraft echt. Aber es sind nicht die geistlichen Kräfte allein, die für eine Dienstposition im Leib Christi entscheidend sind.

Vor einiger Zeit tauchte in unserer Gemeinschaft eine Person auf, die mit echter geistlicher Kraft zu weissagen schien. Ich glaube auch, daß die prophetische Gabe echt war. Trotzdem zeigte die Person bedeutende emotionale Schwächen und Unreife in ihrem persönlichen Wandel. Die Konsequenz war, daß die Gemeinde der Ausübung der prophetischen Gabe nicht voll vertrauen konnte. Da diese Person also nicht das erforderliche Vertrauen genoß, war es besser, daß sie sich vom Weissagen so lange zurückhielt, bis die entsprechende emotionale Stabilität gegeben war.

Das Ausüben der geistlichen Gabe

Manche Gläubige haben schon prophetische Offenbarungen empfangen und prophetisch geredet, aber die Tatsache des Weissagens sagt noch nichts darüber aus, ob derjenige zum Propheten berufen ist. Bevor jemand für diese wichtige Aufgabe der Prophetie in der Gemeinde anerkannt wird, sollte eine beständige Ausübung dieser Gabe festzustellen sein. Es gibt vier Merkmale für eine bleibende prophetische Gabe:

1. Fortwährende, beständige Betätigung der Gabe der Prophetie. In einer Gemeinde können es etliche sein, die gelegentlich weissagen und in einem bestimmten Zeitraum (vielleicht zwei oder drei Jahre) regelmäßig prophetisch reden. Es ist nicht ungewöhnlich, daß Gläubige, die neu in die Gemeinde kommen, eine Weile regelmäßig weissagen. Jedoch sollten wir nur dann, wenn jemand regelmäßig über einen Zeitraum von vier, fünf Jahren und mehr weissagt, in Betracht ziehen, daß er den Dienst eines Propheten ausübt.

2. Der Dienst mit der prophetischen Gabe sollte sich als wirksam und kräftig erweisen. Echte Weissagung kann mit mehr oder weniger geistlicher Kraft erfolgen. Eine Weissagung, in der Kraft liegt, hinterläßt Eindruck beim Hörer. Sie kann lebengebend und lebenverändernd wirken. Wir sollten also auf die Auswirkungen der Botschaften achten. Wenn die Weissagungen fortwährend Menschen verändern und die Gemeinde in Gottes Absichten gefördert wird — also ein positiver Effekt auf das Gemeindeleben zu verzeichnen ist —, können wir mit einiger Sicherheit davon ausgehen, daß Gott dieser Person die prophetische Gabe in starkem Maße zuteil werden ließ.
3. Der Prophet sollte die Gabe „entfachen" (erwecken) können. Man sollte mit der Ausübung der Gabe rechnen können, wenn die Gemeinde dies nötig hat. Man sollte sich auf ihn verlassen können, weil er von Gott ausreichend dazu ausgerüstet ist, diesen Dienst zu tun. Zuweilen stellt ein Prophet fest, daß ihm bestimmte Dinge helfen können, seine Gabe zu aktivieren. Elisa bat einen Spielmann, etwas auf den Saiten zu spielen, als der König das Wort des Herrn von Jeremia erfahren wollte (2. Könige 3,15-19).
   Viele Propheten haben erfahren, daß zuweilen Musik oder Gesang, die den Herrn verherrlichen, ihre prophetische Gabe „entzünden". Dies ist keine Mystik oder psychologische Technik. Dies basiert einfach auf der Tatsache, daß unsere Umgebung unsere Fähigkeit, die Verbindung zum Herrn aufzunehmen, mit beeinflußt. Manche Christen haben deshalb erkannt, daß ein Gebet oder ein Lied sie so disponieren kann, daß es ihnen leichter fällt, das Wort des Herrn zu vernehmen.
4. Eine bleibende prophetische Gabe ist gewöhnlich mit einer echten, beständigen Offenbarungsgabe verbunden. Dem Propheten offenbart Gott Geheimnisse, enthüllt ihm Pläne, macht verborgene Dinge sichtbar. Manchmal werden in der prophetischen Offenbarung auch spezielle private Dinge angesprochen. Gott offenbarte Nathan Davids Sünde, so daß der Prophet den König mit dieser Sünde konfrontieren und ihn zur Buße rufen konnte.

Nicht jede Offenbarung zeigt uns etwas ganz Neues. Oft ist es so, daß durch Prophetie die Geheimnisse des christlichen Glaubens in größerer Klarheit und größerer Fülle verstanden werden.

Schon oft bin ich durch Weissagungen, in denen Gottes Liebe beschrieben wurde, zu einem volleren und tieferen Verständnis dieser Liebe geführt worden. Das ist nicht einfach eine Wirkung des Wiederholens, es ist mehr: Es werden uns die Augen für das Geheimnis der ewigen, unwandelbaren Liebe Gottes neu geöffnet. Gott hat Seine Liebe bereits der Welt offenbart, aber durch die Prophetie offenbarte Er sie *mir* in neuer Größe.

Die vorgenannten Kriterien des Wandels und des Ausübens der Gabe können als Richtschnur dienen. Sie sind jedoch nur als Rat zu betrachten, nicht als offizielle Prüfliste. Die Gaben, die Gott den einzelnen gibt, sind dafür zu unterschiedlich. Ein Apostel unterscheidet sich von einem anderen sowohl in der Eigenart als auch im Maß seiner Gabe. Bei den Propheten sind ebenfalls solche Unterschiede vorhanden.

Ich kenne jemand, der offensichtlich eine Gabe für eine besondere Art inspirierter Prophetie hat. Diese Gabe hat er nun schon einige Jahre, beständig und in kräftiger, produktiver Weise, zum Einsatz gebracht. Er ist auch fähig, diese Gabe zu aktivieren. Seine prophetische Gabe ist im Gottesdienst zu einem wertvollen Faktor geworden, das kann ich bezeugen. In bestimmter Hinsicht finde ich es richtig, ihn als Prophet zu bezeichnen, obwohl er keine Offenbarungen empfängt.

Paulus läßt uns wissen, daß jeder Gläubige die Gabe, die er empfangen hat, nach dem Maß seines Glaubens einsetzen sollte (Römer 12,3). Nicht alle Propheten sind in gleicher Weise und in gleichem Maß zum prophetischen Dienst berufen. Trotzdem erkennt man unter ihnen so etwas wie Familienähnlichkeit.

Bei aller Ähnlichkeit der Glieder der gleichen Familie sind wir doch keineswegs überrascht, auch individuelle Unterschiede zu sehen: Einer mag blaue, der andere braune Augen haben usw. Aber es gibt soviel Gemeinsames unter ihnen, daß die Gesamtähnlichkeit nicht zu übersehen ist. So unterscheidet sich auch ein Prophet vom andern in der Weise, wie er von Gott in Seinem Dienst gebraucht wird.

Propheten in der Gemeinde erkennen

Einer Gemeinde sollte es möglich sein, Glieder, die prophetische Gaben besitzen, zu erkennen. Wie wir im nächsten Kapitel sehen werden, hängt die Funktion der prophetischen Gaben weitgehend davon ab, daß die Gemeinde erkennt, wer die Propheten sind und wie die prophetische Gabe wirkt.

Auf der anderen Seite ist es genauso wichtig, daß wir nicht zu schnell jemanden als Propheten bezeichnen. Geistliche Gaben brauchen Zeit, manchmal viel Zeit, um sich in ihrer Fülle zu erzeigen. Zu einer bestimmten Zeit im Leben eines Christen mag es scheinen, daß er eine prophetische Gabe hat. Vielleicht müssen wir aber später entdecken, daß, obwohl er manchmal weissagt, das Hauptgebiet seines Dienstes die Musik, Evangelisation, Administration usw. ist.

Ein schnelles Urteil wird den Gegebenheiten nicht gerecht. Wir könnten uns sonst bei jemand auf eine Gabe verlassen, die er gar nicht besitzt. Oder wir sehen die Entwicklung seiner Gaben zu eng und zwingen ihn vielleicht dadurch, sich auf etwas zu konzentrieren, das in Gottes Augen nur ein Randgebiet darstellt.

Vor einigen Jahren beobachtete ich, wie ein kluger Fußballtrainer einen talentierten jungen Spieler behandelte. Dieser war groß, schnell und zeigte gute Reaktionen. Der Trainer setzte ihn auf verschiedenen Positionen ein, um seine Fähigkeiten besser kennenzulernen bzw. um zu sehen, wo seine Stärken lagen. Der ständige Wechsel der Position gehörte zur Strategie des Trainers. Er wußte, die Arbeit würde belohnt werden, auch wenn der Spieler für eine gewisse Zeit sich ständig neu anpassen mußte.

Schließlich wurde der junge Mann dann auf der Position eingesetzt, wo er mit seiner Begabung für die Mannschaft am wertvollsten war. Der Erfolg: seine Mannschaft war an der Spitze zu finden.

Wir müssen ähnliche Sorgfalt und Klugheit im Erkennen der Gaben der Gläubigen walten lassen. Wir sollten nicht jemanden Prophet nennen, bevor wir nicht erkennen konnten, daß Gott ihn zu einem fortwährenden prophetischen Dienst berufen hat. Und es ist genauso unweise, einem echten Propheten die Freiheit und die Zeit des Wachsens und Sichentwickelns abzusprechen.

Das Bild des Propheten, das uns aus der Heiligen Schrift und den Dokumenten der Urchristenheit gegeben ist, ist beeindruckend. Anders als ein reiner Sprechautomat, der läuft, wenn Gott ihn einschaltet, ist der Prophet ein Bevollmächtigter Gottes. Er ist Bote, Sprecher, Wächter und Träger göttlicher Autorität.

Der Prophet ist, wie jeder andere Gläubige, dem Leitungsgremium der Gemeinde unterstellt. Aber in seinem Dienst hat er echte charismatische Vollmacht: Er verkündigt die Botschaft Gottes, und die Gemeinde soll darauf eingehen. In seinem Dienst für den Herrn ist der Prophet der Autorität der Gemeinde unterstellt. Aber in seinem Dienst für Gott ist die Gemeinde der Autorität des Wortes Gottes, das der Prophet bringt, unterstellt.

4

Aufsicht über die Prophetie

Wenn wir eine klare Vorstellung über den Wirkungsbereich der prophetischen Gaben in der Gemeinde erhalten wollen, müssen wir uns der Zeit der Gemeinde zuwenden, in der Prophetie zum erwarteten alltäglichen Erscheinungsbild gehörte. Leider geben die Aufzeichnungen der frühen Gemeinde kein so detailliertes und volles Bild über die Tätigkeiten der Propheten, wie wir es uns vielleicht wünschen würden. Trotzdem gibt uns das, was wir von damals wissen, verbunden mit den Erfahrungen der Gegenwart, doch so viel Material, daß wir im großen und ganzen verstehen können, wie die ersten Christen Prophetie handhabten, beaufsichtigten und beurteilten.

Wahrnehmungsfähigkeit ist erforderlich

Die frühe Gemeinde zeichnete sich dadurch aus, daß sie Gottes sichtbares Eingreifen im Glauben erwartete. Die damaligen Christen kannten ihren Gott als einen Gott der Kraft — nicht aus Berichten aus zweiter Hand oder vom Hörensagen, sondern aus ihrem eigenen Erleben.

Einige von ihnen hatten selbst den auferstandenen Herrn gesehen. Andere hatten vielleicht die Heilung des Mannes an der Schönen Pforte miterlebt (Apostelgeschichte 3,1-10), das

Erblinden des Zauberers Elymas (Apostelgeschichte 13,8-12) oder die Heilung des Gelähmten in Lystra (Apostelgeschichte 14,8-10). In diesen Fällen wurden die Wahrheit und die Kraft des Evangeliums mächtig bezeugt. Diese Christen lebten in einer Atmosphäre erwartungsvollen Glaubens, der heute vielen Christen fremd ist, ja der ihnen vielleicht sogar unbehaglich wäre.

Aber gerade dieser erwartende Glaube war der Schlüssel zu den Wundern, Heilungen und auch zu den Weissagungen. Der Schreiber des Hebräerbriefes stellt nicht umsonst fest: *„Aber ohne Glauben ist es unmöglich, Gott zu gefallen. Denn wer zu Gott kommen will, der muß glauben, daß Er ist und daß Er denen, die Ihn suchen, ihren Lohn gibt"* (Hebräer 11,6).

In ähnlicher Weise können wir sagen: „Es ist unmöglich, Weissagung zu empfangen. Denn wer Weissagung empfangen will, muß glauben, daß Gott zu ihm spricht, wenn er Ihn darum bittet." Die Ansprüche der Prophetie bereiten uns vor allem dann Unbehagen, wenn uns der Glaube fehlt, daß Gott direkt zu uns spricht. Die Propheten beanspruchten, daß das Wort, das sie verkündigten, nicht ihr eigenes, sondern Gottes Wort war.

Die ersten Christen glaubten klar an die göttlich inspirierte Autorität der prophetischen Äußerungen. Die Propheten drückten dies unmißverständlich aus, wenn sie ihrer Botschaft Worte wie *„Das sagt der Heilige Geist"* (Apostelgeschichte 21,11) voranstellten. Und dieser Anspruch wurde akzeptiert.

Der Schreiber der Apostelgeschichte hält einfach fest, daß es, als Barnabas und Paulus für die Missionsarbeit ausgesondert wurden, der Heilige Geist war, der sprach (Apostelgeschichte 13,2). Die Gemeindeordnung der frühen Kirche, die Didache, warnt die Gläubigen, sich nicht gegen Propheten zu stellen, die im Geist reden, wobei die Stelle von der Sünde wider den Heiligen Geist erwähnt wird (Didache 11,7).

Der Glaube an die göttliche Natur der Prophetie bedingt ihren Wert und ihre Gefahren. Die Gemeinde begehrt eine Gabe, die das direkte Wort Gottes bringt (1. Korinther 14,1). Deshalb muß das Ausüben der Gabe sorgfältig geschützt werden. Daß jemand direkt von Gott inspiriert werden und Sein Wort mit Autorität bringen kann, kann Menschen dazu verleiten, die Prophetie zu gebrauchen, um ihre eigenen Ideen und

Wünsche mit der Autorität Gottes gebieterisch zu proklamieren. Ernster Schaden kann der Gemeinde entstehen, wenn Personen falsch weissagen und dies für Gottes Wort gehalten wird.

Aber die Prophetie wegen der ihr anhaftenden Gefahren ganz zu meiden, ist jedoch nicht die richtige Lösung. Es muß ein Weg gefunden werden, auf dem der Nutzen der wahren Prophetie der Gemeinde erhalten bleibt und gleichzeitig die Gefahren falscher Prophetie abgewandt werden.

Paulus weist die Gläubigen in Thessalonich an: *„Prophetische Rede verachtet nicht“* (1. Thessalonicher 5,20-21). Und Johannes sagt: *„Ihr Lieben, glaubt nicht einem jeden Geist, sondern prüft die Geister, ob sie von Gott sind; denn es sind viele falsche Propheten ausgegangen in die Welt“* (1. Johannes 4,1).

Die Didache spricht von verschiedenen Maßnahmen, durch die die echten von den falschen Propheten unterschieden werden können (Didache 11,3f). Die frühe Gemeinde muß deshalb Mittel gehabt haben, aufgrund derer sie entscheiden konnte, was echt und was falsch war.

Um die Prüfungsmethoden, die die Christen des ersten Jahrhunderts anwandten, verstehen zu können, müssen wir zuerst zwei wichtige Dinge erwähnen, auf denen die Fähigkeit zur richtigen Beurteilung der Prophetie ruht:

Zuerst muß angeführt werden, daß die ersten Christen großen Wert auf Gemeinschaft legten. Es mag sein, daß das Bild, das uns in der Apostelgeschichte gegeben ist (2,42-49;4,32-37), nicht die Erfahrung aller Gemeinden darstellt. Jedenfalls wird uns vom Neuen Testament her klar, daß die Christen so lebten, daß sie in täglichem Kontakt mit den anderen standen und daß sie einander gut kannten.

Die Liebe für die Brüder, die sich ebenfalls von der Welt trennten und sich der Herrschaft des Auferstandenen unterstellten, drängte sie, sich persönlich um den anderen zu kümmern. Die Ausbreitung des Christentums unter Konstantin und verschiedene soziale Veränderungen dieser Jahrhunderte waren vielleicht der Grund, warum jenes Gemeinschaftsleben, wie es in Korinth, Rom oder Philippi sichtbar war, stark verwischt oder aufgegeben wurde. Aber für die ersten Christen war klar, daß das Ausleben des Evangeliums einschloß, einander zu lieben, wie Christus sie liebte.

Außerdem teilten sie einander mit, was sie bewegte, ihre Freuden, ihre Leiden. Ihre Interessen lagen anders als bei den Weltmenschen. Gott konnte zu Seinen Kindern sprechen, und sie durften Seine Berührung in ihrem Leben verspüren. Ein Herz und eine Seele waren sie (siehe Philipper 2,1-4). Ob nun Jude oder Grieche, Sklave oder Freier, Gott konnte sie mit Seinem Wort erreichen.

Das zweite wichtige Element im Leben dieser Christen, das für die Prüfung der Prophetie von Bedeutung war, war die Position der Ältesten. Jede Gemeinde wurde von einer Gruppe von Ältesten geleitet, die lehrten, in die Anbetung führten, das Leben der Gemeinde lenkten und bei Kontroversen schlichteten bzw. zuständig waren.

Und die Ältesten trugen auch besondere Verantwortung dafür, die Gemeinde vor falschen Propheten und Lehrern zu schützen (vgl. Apostelgeschichte 20,28-31; Titus 1,10-16; 2. Timotheus 4,1-5; 1. Thessalonicher 5,14). Die Ältesten hatten die Autorität, Propheten und prophetische Äußerungen anzuerkennen oder nicht.

Der Verlauf der Beurteilung

Wenn wir die Feststellungen des Neuen Testaments und der Schriften der Urchristenheit in bezug auf die Beurteilung der Prophetie untersuchen, fällt uns zunächst vor allem die Tatsache auf, daß es fast ausschließlich um das Beurteilen der Propheten und weniger um die Prophetie ging. Die Warnungen der Apostelbriefe richten sich gegen falsche Propheten, nicht gegen falsche Prophetie. Auch bei den Richtlinien der Didache geht es bei der Unterscheidung zwischen wahren und falschen Propheten nicht darum, ob ihre Weissagungen echt oder unecht sind (11,5,6,12). Warum stellten sie die Person und nicht die Prophetie in den Prüfungsmittelpunkt?

Zuerst ist zu sagen, daß viele Weissagungen keine besonders bedeutsame Antwort verlangen. Die meisten Weissagungen dienen der Ermutigung und Ermahnung. Ob es sich um direkte oder indirekte Inspiration handelt, hat hier weniger Bedeutung.

Zum Beispiel war es nicht notwendig zu entscheiden, ob die in meinem Buch bereits zitierte Weissagung von Bischof Melito direkt inspiriert war oder nicht. Die Botschaft ist wertvoll und glaubensstärkend, ob sie nun direkt inspiriert war oder nicht. Die große Mehrheit der Weissagungen in den Gemeinden sind dieser Art.

Zweitens kann gesagt werden, daß eine Gemeinde sich selten auf eine inspirierte Äußerung allein verlassen muß, wenn es um die Frage geht, wie es weitergehen soll. Es gibt Zeiten, wo die Prophetie ein direktes Eingehen und Handeln erfordert. Als der Heilige Geist bezüglich der Aussendung von Paulus und Barnabas zu den Ältesten in Antiochien sprach (Apostelgeschichte 13,2), mußten diese wissen, ob diese Aufforderung wirklich von Gott kam. Ihre Entscheidung, diese beiden zur Mission auszusenden, war gleichbedeutend mit der Erklärung, daß mit dieser Äußerung wirklich Gottes Wille kundgetan wurde.

Auf der anderen Seite hätte die Entscheidung, Barnabas und Paulus nicht auszusenden und in Antiochien zu behalten, bedeutet, daß sie nicht glaubten, daß die Äußerung von Gott war. Auf jeden Fall mußte eine Entscheidung getroffen und eine definitive Antwort gegeben werden. Aber ich denke, daß sie ihre Entscheidung nicht nur auf eine einzige isolierte Äußerung hin trafen.

Wenn definitive Antworten auf eine Weissagung gegeben werden müssen, ist es meist so, daß der Herr zu verschiedenen Personen in der Gemeinde spricht und nicht nur zu einer einzigen. Ich glaube, daß wir davon ausgehen können, daß die Ältesten in Antiochien schon Anzeichen dafür erkannt hatten, daß Gott Paulus und Barnabas aussenden wollte, bevor diese besondere Botschaft, von der uns die Apostelgeschichte berichtet, erfolgte.

Meine eigene Erfahrung und die Erfahrungen vieler anderer zeigen, daß wichtige Entscheidungen selten auf einer isolierten prophetischen Äußerung allein fußen sollten. Vielmehr gibt der Geist, der in den Propheten und in der ganzen Gemeinde wirkt, genügend Zeugnis bezüglich der Inspiration der Weissagungen, die kommen.

Schließlich konzentriert sich vieles von dem, was wir an Literatur aus den Anfangstagen der Gemeinde vorliegen haben, deshalb auf den Propheten selbst (und nicht auf seine Weissagungen), weil es den Christen einfach richtiger erschien, zuerst den Propheten selbst zu prüfen und danach das Vertrauen auf die Prophetien der als vertrauenswürdig anerkannten Person zu setzen.

Die Gläubigen der Urchristenheit konnten dem Wort eines Propheten vertrauen, weil sie wußten, daß er ein echter Prophet war. Die Tatsache selbst, daß die Person als ein wahrer Prophet anerkannt war, war für sie der Beweis, daß seine Weissagungen göttlich inspiriert waren.

Im Neuen Testament haben wir eigentlich nur ein ziemlich einfaches Prüfungskriterium. Paulus sagt uns in 1. Korinther 12,3, daß keiner, der unter dem Einfluß des Heiligen Geistes spricht, Jesus verfluchen kann. Daneben geben uns weder das Neue Testament noch die Schriften der ersten Christen weitere Mittel an, mit denen prophetische Äußerungen getestet werden sollen. Über die Feststellung hinaus, daß der Redner von keinem bösen Geist besessen und kein offener Irrlehrer sein darf, erstreckt sich die Prüfung kaum.

Wenn wir deshalb die Frage zu beantworten haben, wie die Gemeinde wahre Propheten, deren Offenbarungen sie vertrauen durfte, identifizieren konnte, können wir, zurückkommend auf das vorhergehende Kapitel, antworten: durch die Prüfung des Lebens der Propheten und die Prüfung der Auswirkungen ihrer Prophetie auf die Gemeinde. Diese beiden Hauptkriterien können wir aber noch erweitern.

Das Leben des Propheten

Wie zuvor schon gesagt, muß der Prophet vor allem ein solides, stabiles Christenleben führen. Er sollte emotional und im Urteilsvermögen gesund sein. Er muß eine geistliche Person sein.

Im 3. Kapitel seines ersten Briefes an die Korinther schreibt Paulus ihnen, daß sie fleischlich seien, obwohl sie keinen Mangel an irgendeiner Gabe hatten (1. Korinther 1,7). Aber es gab

Neid, Streit und Spaltungen unter ihnen, und das entsprach eher fleischlicher als geistlicher Natur.

Im 5. Kapitel des Galaterbriefes gibt uns Paulus Kriterien zur Unterscheidung zwischen fleischlich und geistlich: Wenn wir uns vom Geist Gottes leiten lassen, wird unser Leben Liebe, Freude, Friede, Geduld, Freundlichkeit, Güte, Treue, Sanftmut und Keuschheit ausweisen.

Aber wenn wir ungeistlich sind, wird das Ergebnis Unzucht, Unreinheit, Ausschweifung, Götzendienst, Zauberei, Feindschaft, Hader, Eifersucht, Zorn, Zank, Zwietracht, Spaltungen, Neid, Saufen, Fressen und dergleichen sein. In Epheser 5,9 rundet er das Ganze ab, indem er sagt, daß die Frucht des Lichts lauter Güte und Gerechtigkeit und Wahrheit ist.

Aus dem 1. Johannesbrief lernen wir etwas Wichtiges über die Beurteilung: Der wahre Nachfolger Christi kann an der Art seiner Lebensführung erkannt werden: Hält er Seine Gebote? Liebt er die Brüder? Anerkennt er Jesus Christus als den Christus, der ins Fleisch gekommen ist? (1. Johannes 2,3;2,9-10; 3,11;4,2-3). In anderen Worten: Der wahre Nachfolger, der echt geistliche Mensch, ist daran zu erkennen, daß er nach dem Geist Gottes wandelt und nicht nach dem Geist der Finsternis.

Dieser Prüfstein geht davon aus, daß in der Gemeinde einer den anderen kennt. Das normale Gemeinschaftsleben der ersten Christen gab ausreichend Gelegenheit zu erkennen, ob eine bestimmte Person geistlich war oder nicht.

In die ersten Gemeinden kamen auch Propheten, die von Gemeinde zu Gemeinde reisten, sowie die Apostel. Aber auch da war der Charakter des reisenden Propheten der Prüfstein, ob seinen Prophetien vertraut werden konnte. Die Didache gibt Anweisung zur Prüfung von reisenden Propheten, die in folgender Erklärung zusammengefaßt werden: „Es ist der Wandel, nach dem man den falschen vom echten Propheten unterscheiden kann“ (11,8). Häufig übernachteten die Propheten, die auf Besuch kamen, bei einem der Ältesten der Gemeinde, so daß auch hier viel Gelegenheit gegeben war, die Person näher kennenzulernen. Das gleiche Prüfungsverfahren wird auch im „Hirten von Hermas“ (Mand. 11) beschrieben.

Die Frucht seines Dienstes

Wenn jemand ein echter Prophet Gottes ist, dann wird die Gemeinde die Kraft des Heiligen Geistes in den Worten spüren, die er spricht. Und sie wird großen Nutzen daraus ziehen. Manchmal wird der Prophet dies oder jenes Ereignis voraussagen. Die Erfüllung seiner Voraussagen ist ein weiteres Mittel, das seinen Dienst als echter Prophet bestätigt. Das Ergebnis erweist es: Der Prophet mag prophetisch anzeigen, daß die Gemeinde diese oder jene Richtung einschlagen soll. Die gute Frucht, die durch das Eingehen darauf gewirkt wird, bezeugt die Wahrheit seiner Worte.

Die Gemeinde kann die Kraft, die in der Prophetie am Wirken ist, spüren. Geistliche Kraft ist nicht die Kraft der Redegewandtheit oder der menschlichen Aufrichtigkeit. Es ist eine Kraft, die durch den Heiligen Geist kommt. Die Worte Gottes haben Leben in sich. Ich habe schon viele Male erlebt, wie Propheten Worte der Erquickung und des Trostes sprachen. Wenn diese Worte von Gott kamen, wurden die Gläubigen erquickt und getröstet.

In gleicher Weise bringt prophetischer Tadel und Zurechtweisung Einsehen und Reue über das Fehlverhalten. Wenn der Prophet inspiriert ist, wenn er spricht, liegt in seinen Worten Kraft, und die Botschaft erreicht mehr, als menschliche Appelle und Redekunst es vermögen.

Wenn ein Prophet ein bestimmtes Geschehen voraussagt, können wir die Erfüllung seiner Prophetie überwachen. Vor acht Jahren weissagte jemand in unserer Gemeinschaft, daß Tausende von Menschen aus aller Welt in unsere Stadt kommen würden, um unsere Gemeinschaft zu besuchen. Zu der Zeit waren wir nur eine Handvoll Studenten und solche, die vor nicht allzulanger Zeit das Studium abgeschlossen hatten. Wir hatten keinen Grund, so etwas zu erwarten. Aber heute, acht Jahre später, erfüllt sich diese Prophetie. Buchstäblich Tausende kommen, um uns zu besuchen, darunter führende Leute aus vielen Bewegungen und aus Dutzenden von Ländern.

Die Auswirkungen der Entscheidungen, die aufgrund prophetischer Offenbarungen getroffen wurden, zeigen, ob der

Prophet inspiriert war oder nicht. Jesaja riet Hiskia, sich nicht Sanherib zu ergeben (2. Könige 19), und das spätere Geschehen zeigte, daß Gott durch Jesaja gesprochen hatte.

In der Gemeinde wäre es jedoch ein Fehler, die prophetische Gabe einer Person aufgrund von ein oder zwei prophetischen Äußerungen zu beurteilen. Denn wir müssen berücksichtigen, daß die Propheten in ihrem Dienst der Ausübung ihrer Gabe wachsen und reifen — wie jedes andere Glied am Leib ebenfalls Wachstum aufweisen sollte. Außerdem ist es gewöhnlich nicht möglich, die Wirksamkeit der Prophetie nur aufgrund von ein oder zwei Äußerungen zu beurteilen. Normalerweise braucht es einen längeren Zeitraum, um sichtbar werden zu lassen, ob der Dienst des Propheten gute Frucht trägt oder nicht.

Seine Unterordnung unter die Gemeindeleitung

Die Ältesten der Gemeinden bedienten sich all dieser Mittel zur Beurteilung der Prophetie. Denn gerade sie sind es, die die Autorität zur Entscheidung haben, ob sie jemand in der Gemeinde weissagen lassen oder nicht.

Außerdem haben die Ältesten die Autorität, im Namen der Gemeinde zu erklären, daß eine bestimmte Prophetie ein Wort des Herrn darstellt. In anderen Worten: Es sind die Leiter der Gemeinde, die in die besondere Verantwortung gestellt sind, zu prüfen, zu unterscheiden und den geordneten Ablauf der Prophetie zu überwachen. Sie, nicht die Propheten, haben das entscheidende Wort.

Es ist gewöhnlich ein Fehler, wenn man dem Propheten die größte Autorität in der Gemeinde zugesteht. Eine ganze Anzahl irrlehrerischer Sekten und Gruppierungen wurden von „Propheten“ geführt, die durch ihre Inspirationen die anderen fehlleiteten. Es ist der Dienst des Propheten zu weissagen, aber der Dienst der Gemeindeleitung ist es, die Propheten zu beurteilen und gegebenenfalls zuzulassen.

Das bedeutet natürlich nicht, daß nicht auch Propheten unter den Leitenden zu finden sein können. Noch bedeutet es, daß der Prophet seine Behauptung göttlicher Inspiration nicht vor den

Leitern rechtfertigen kann. Denn es ist leider auch möglich, daß die Leiter ihre Autorität über den Propheten — absichtlich oder unabsichtlich — mißbrauchen und behaupten, daß ein echtes Wort des Herrn falsch ist. In solch einem Fall kann der Prophet seine Botschaft aber nur weiterverkündigen, wenn die Leiter damit einverstanden sind.

Wenn die Leiter dem Propheten auftragen, öffentliche Weissagungen zu unterlassen, muß der Prophet ihrer Anweisung nachkommen. Er kann privat mit den Leitern weiter darüber sprechen, aber er muß sich ihrer Entscheidung, nicht weiter öffentlich prophetisch zu reden, beugen.

Das ist natürlich ein sehr schweres Wort für den Propheten. Aber um der Ordnung in der Gemeinde willen müssen die legitimierten Leiter der Gemeinde Autorität über alle Dienste in der Gemeinde und ihre Führung behalten, da sie in der Verantwortung vor dem Herrn stehen. Sie können ihre Rolle nicht ausfüllen, wenn sie nicht auch volle Autorität über das Ausüben der Weissagungen haben. Es sind die Leiter der Gemeinde, denen Gott die Autorität und Entscheidungsgewalt anvertraut hat.

Zusammengefaßt: Die frühen Gemeinden zogen Nutzen aus dem großen Quell prophetischer Gaben, und zugleich waren sie bemüht, die Gefahren falscher Prophetie abzuwenden, indem die endgültige Entscheidung über die Zuverlässigkeit einer Botschaft den Leitern der Gemeinde oblag. Die Leiter wiederum gründeten ihre Entscheidung auf die Beobachtung des Lebens des Propheten und auf die Auswirkung seiner Botschaft.

Wenn eine echte geistliche Persönlichkeit die Gabe der Prophetie ausübte und dadurch Leben und Kraft bewirkt wurde, anerkannte man ihn als wahren Propheten. Der Prophet unterstellte sich der Autorität der Gemeindeleitung. Wenn die leitenden Personen beurteilten, daß der Prophet das Wort Gottes brachte, unterstellte sich die Gemeinde wiederum dem Wort des Propheten.

Der Prophet war eine Person geistlicher Autorität aufgrund der Gabe, die Gott ihm zuwies. Seine Autorität wurde anerkannt und akzeptiert, weil sie von den leitenden Brüdern der Gemeinde beglaubigt wurde.

II. Teil

DIE ENTFALTUNG DER PROPHETISCHEN GABEN

Der erste Teil dieses Buches befaßte sich mit der Prophetie, wie sie in den Gemeinden ausgeübt werden sollte, der zweite Teil behandelt, wie es in der Praxis aussieht. Ich kenne keine Gemeinde, die alles genau so praktiziert, wie es im ersten Teil als Idealfall dargestellt ist, wenn auch ein paar diesem ziemlich nahekommen.

Für die meisten Gemeinden ist Prophetie entweder Neuland oder sie sind dabei, ihr langsam näherzukommen. Die Ratschläge, die ich hier gebe, sollen zu einem besseren Verständnis der Prophetie dienen. Dieser zweite Teil wird viel praktischer und persönlicher sein. Das Material ist aber nicht weniger wichtig als das vorhergehende. In einer Weise ist es sogar wichtiger. Wenn wir nicht gerade jetzt für eine sichere Grundlage in der aktuellen Praxis sorgen, wird das Material des ersten Teils von wenig Nutzen sein.

5

Beginn der Prophetie

Wie gut ich mich daran erinnern kann, als ich das erstemal weissagte! Es war am 18. Februar 1968. Es war eine Veranstaltung, die sich „Day of Renewal“ nannte und in Williamston, Michigan, stattfand. Damals versammelten sich jeden Monat Christen aus charismatischen Kreisen, um einen Tag des Gebets und des Lobpreises Gottes zu haben.

Der Saal war voll, und es war sehr warm. Den Gesichtern der Besucher war die Freude abzulesen, Gottes Gegenwart erleben zu dürfen. Fast alle waren froh, aber ich war beklommen und fühlte mich gar nicht gut. Dabei hatte die Versammlung für mich genauso freudig wie für alle anderen begonnen. Aber nach 20 Minuten brachte mich ein einfacher Gedanke in Bedrängnis. Ich hatte schon tausende Male Ablenkungen beim Gebet erlebt, aber diesmal war es anders. Ein Gedanke beschäftigte mich so stark, und er wollte einfach nicht weichen. Immer wieder ging er mir durch den Kopf.

Das, was meine Gedanken beschäftigte, hatte die Form einer Weissagung angenommen, und ich spürte, daß ich weissagen sollte. Es schien mir lächerlich, denn ich hatte nie zuvor geweissagt und wußte praktisch kaum etwas über Prophetie. Aber die innere Empfindung wurde so stark, daß ich schließlich zu der Überzeugung kam: Das ist Gottes Wort. Ich habe es zu verkündigen.

Ich erklärte dem Herrn, daß ich das nicht tun konnte: „Herr, ich habe noch nie geweissagt. Ich weiß einfach nicht, wie ich das machen soll!“

„Weissage!“

„Aber was geschieht, wenn ich Fehler mache und alle diese aufrichtigen Mitchristen glauben mir? Dann könnte man mich dafür verantwortlich machen, daß ich ihnen etwas Falsches gesagt habe. Ich weiß, daß Du das nicht willst.“

„Weissage!“

Der Spannungszustand vergrößerte sich, und ich änderte meine Taktik: „Außerdem wäre das eine Anmaßung. Hier gibt es viele gute Christen, die schon lange gläubig sind, während ich erst am Anfang des Glaubenslebens stehe. Ich will mir nicht anmaßen, in Deinem Namen zu sprechen. (Ich dachte, mit letzterem hätte ich ein gutes Argument. Sicher wollte Gott nicht, daß ich meine Demut aufgab!)

„Ich habe dir Mein Wort gegeben. Verkündige es! Weissage!“

Nun versuchte ich mir selbst etwas einzureden: „Das kann doch nicht wahr sein. Ich bin einfach zu aufgeregt. Ich werde nicht weissagen, und dabei bleibts.“

Ein paar Minuten später war es aber doch soweit. Ich begann zu weissagen. Meine einfache, kurze Botschaft — eine Versicherung der Liebe Gottes — kam mit lauter Stimme, daß es wie ein Gerichtsruf klang. Nachdem ich zu Ende geredet hatte, forderte die Anspannung ihren Zoll. Erschöpft fiel ich hin und war kurze Zeit ohnmächtig. Man brachte mich nach draußen, wo ich dann wieder zu mir kam.

Ich war mir sicher, daß es ein großes Theater um mich gegeben hatte. Die meisten der Anwesenden hatten nur wenig Erfahrung mit Prophetie, und bestimmt hatte mein dramatisches Verkündigen der Botschaft und der anschließende Ohnmachtsanfall für viel Aufregung gesorgt. Ich schämte mich. Als ein Freund nach draußen kam, um zu sehen, wie es mir ging, seufzte ich: „Schau, was Gott mit mir gemacht hat!“ Er mußte lachen.

Das geschah vor vielen Jahren, als mir Prophetie noch Neuland und ich ziemlich jung war. Inzwischen habe ich viel gelernt und bin reifer geworden. Ich muß zwar gestehen, daß ich noch keinen erlebte, der sich so aufführte wie ich damals, aber ich habe gesehen, daß viele mit der gleichen Frage kämpfen, mit der ich damals konfrontiert war: Wie weiß ich, daß ich prophezeien soll?

Den besten Weg zur Beantwortung dieser Frage finden wir, wenn wir den Propheten als Gottes Bote und Sprecher begreifen. Wenn ein offizieller Botschafter des Königs hinausgehen und eine Botschaft verkündigen würde, die ihm gar nicht vom König aufgetragen wurde, wäre er ein Lügner.

Wenn jemand anders, der am Hofe des Königs dient, der aber nicht die Vollmacht hat, die königliche Botschaft zu verkündigen, hinausgeht, das Wort ergreift und die echte Botschaft des Königs verkündigt, ist das ebenfalls falsch, denn er maßt sich des Königs Vollmacht widerrechtlich an.

In anderen Worten: Bei einem Botschafter müssen zwei Dinge gegeben sein, bevor er rechtmäßig eine Botschaft im Namen einer anderen Person übermittelt: Die Botschaft selbst muß wahr sein, und er muß die Vollmacht haben, sie zu verkündigen.

Auf die Prophetie angewandt, bedeutet dies, daß jemand die Botschaft und die Vollmacht von Gott haben muß, bevor er weissagt.

Wenn wir über die Art, wie wir Prophetie empfangen können, sprechen, möchte ich in sehr praktischer Weise darüber reden. Wir können nicht Gottes Wort empfangen, wenn wir es als etwas Abstraktes ansehen. In der Prophetie spricht Gott zu den Seinen, und zwar durch gewöhnliche Männer und Frauen. Obwohl meine erste Erfahrung mit der Prophetie vielleicht komisch gewirkt haben mag, war es nichtsdestoweniger eine echte prophetische Erfahrung. Sie bekam nur durch mich eine seltsame Form. Prophetie wird vom Menschen erfahren, und wir müssen in praktischen, menschlichen Worten darüber sprechen.

Ein Wort von Gott empfangen

Prophetische Offenbarungen können wir auf ganz verschiedene Weise empfangen. Manchmal mag einer eine Botschaft dem Wortlaut nach empfangen. Ein andermal mag er nur das Konzept dessen erkennen, was Gott sagen möchte, ohne die eigentlichen Worte. Und manchmal mag er nur die ersten Worte empfangen und dabei die Gewißheit bekommen, daß das weitere folgen wird, nachdem er begonnen hat.

Die Botschaft dem Wortlaut nach empfangen

Diese Art ist verhältnismäßig einfach zu erklären. Wenn eine Anzahl von Christen zusammengekommen ist und sie im Gebet sind, fühlt jemand, daß Gott zu dieser Gruppe sprechen möchte. So bittet er den Herrn, ihm zu offenbaren, was Er dieser Gruppe verkündigen lassen will. Er wendet deshalb seine ganze innere Aufmerksamkeit dem Herrn zu.

Nach einiger Zeit kommen ihm Worte oder Sätze in den Sinn. Manche Menschen empfinden es beinahe so, als wenn sie einer Tonbandkassette zuhören. Sie haben den Eindruck, sie könnten eine Stimme hören. Andere merken, wie sich in ihnen Gedanken formen, ohne daß sie selbst etwas dazu tun: die Gedanken kommen einfach. Es bildet sich eine Botschaft heraus, und die Person verkündigt danach die Botschaft, die ihr gegeben wurde.

Wenn der Herr den genauen Wortlaut gibt, hat er meist eine sehr spezielle Botschaft. Ich selbst habe in der Weissagung schon Worte gebraucht, die ich sonst nie benutzte. Ich denke an einen Vorfall, an dem zwei meiner Freunde beteiligt waren. Er zeigt, wie spezifisch der Herr sein kann.

Jerry Barker und sein Sohn Owen reisten von Texas nach Michigan, um einmal unsere Gemeinschaft zu besuchen. Ihren Aufenthalt in Michigan benutzten sie auch dazu, einmal nach Detroit zu fahren und die Stadt zu besichtigen.

Sie waren besonders interessiert, sich die Innenstadt anzusehen, denn sie wohnten auch in Houston in der Innenstadt. Sie baten Gott, sie zu führen. Als sie beteten, kamen zwei Worte in Jerrys Gedanken. Er wußte nicht, was sie bedeuten sollten und konnte sich keinen Reim daraus machen. Ein paar Minuten später verließen sie die Autobahn und fuhren zur Innenstadt. Als sie an einer Kreuzung anhielten, bemerkte Jerry zu seinem Erstaunen, daß die beiden Worte, die ihm in Gedanken gekommen waren, zwei Straßennamen waren und sie sich gerade an der Ecke befanden, an der sich diese beiden Straßen kreuzten. Sie hielten in der Nähe an, gingen dort spazieren (es war bereits in der Innenstadt) und beteten für die dortigen Bewohner.

Einige Tage später, als sie wieder in Ann Arbor waren, wurden Jerry und Owen einem Rev. Ron Spann vorgestellt, der Pastor einer Episkopal-Kirche in der Innenstadt von Detroit war. Ron hörte sich an, wie Jerrry und Owen ihm die Arbeit schilderten, die sie in ihrer Kirche in Houston taten. Schließlich wagte Ron sie zu fragen, ob es ihnen möglich wäre, für einige Zeit nach Detroit zu kommen und in seiner Kirche mitzuarbeiten. Im Laufe der weiteren Unterhaltung erzählte dann Jerry das Vorkommnis mit den beiden Straßennamen, das sie vor zwei Tagen in Detroit gemacht hatten.

Ron erklärte ihnen: „Die Kreuzung, an der ihr angehalten habt, gehört zum Einzugsbereich meiner Kirche. Die Kirche selbst ist ganz in der Nähe. Die Leute, für die ihr gebetet habt, gehören zu meinem Kirchenkreis." Der Ausgang dieses Geschehens: Jerry zog mit seiner Familie von Houston nach Detroit um, und die Arbeit, die er dort verrichtete, ist meines Erachtens Beweis genug, daß es der Herr war, der ihn nach dort geführt hatte.

Solche Ereignisse erleben wir natürlich nicht jeden Tag. Meist ist es auch so, daß die Worte, die wir bei der wörtlich empfangenen Prophetie erhalten, nicht ungewöhnlich sind. Aber es gibt Ausnahmen, wenn Gott einen ganz besonderen Zweck mit der Wahl Seiner Worte verfolgt.

Manchmal ist auch so, daß mehrere Personen die gleiche Prophetie empfangen. Bei verschiedenen Gelegenheiten habe ich Leute weissagen gehört, die genau die gleiche Botschaft verkündigten, wie ich sie selbst innerlich vom Herrn empfangen hatte — Wort für Wort gleich. Solche Vorfälle stärken unser Vertrauen in die Gabe der Prophetie.

Wenn wir eine prophetische Botschaft auf diese Weise erhalten, müssen wir sorgfältig darauf achten, daß wir die Botschaft genau so weitergeben, wie wir sie empfangen haben. Nichts hinzusetzen und nichts weglassen von dem, was der Herr gab.

Die Botschaft dem Sinn nach empfangen

Wenn wir Prophetie empfangen, kann es aber auch so sein, daß wir keine speziellen Worte empfangen, die wir aussprechen sollen. Statt dessen erhalten wir aber einen klaren Eindruck dessen, was als Botschaft weitergegeben werden soll. Wir bekommen den sinngemäßen Inhalt der Botschaft. Damit meine ich nicht nur eine vage Vorstellung, sondern ein klares Verständnis der Botschaft, die der Herr gibt.

Wie geht das zu?

Wenn wir uns mit jemandem in einer normalen Unterhaltung befinden, gehen wir nicht vorher jeden Satz durch, bevor wir ihn aussprechen. Wenn wir zu sprechen anfangen, setzen wir einfach unsere Gedanken in Worte um. Weil wir wissen, was wir sagen wollen, fällt es uns auch nicht schwer, es in Worten auszudrücken. Auch wenn wir z. B. ein uns bekanntes Lied singen, gehen wir nicht erst innerlich alles durch, bevor wir anfangen. Wir beginnen einfach zu singen, weil wir die Worte kennen und sie uns einfallen werden, wenn wir singen.

Bei mir ist es manchmal so, daß ich spüre, daß der Herr mit mir reden möchte. Ich stelle mich dann innerlich darauf ein und erhalte eine Botschaft, die ich verstehe, von der ich aber nicht gleich weiß, wie ich sie am besten ausdrücke. So muß ich mich erst mit den rechten Worten für die Botschaft versorgen. Ich gehe also innerlich das durch, was ich verkündigen soll, und entdecke dabei, wie ich es am besten ausdrücke. Obwohl ich hier nicht wortwörtlich die Botschaft empfange, kann ich doch wahrhaft und zuversichtlich sagen: „Das ist das Wort, das der Herr durch mich ausrichten lassen möchte!“ Ich sage dann nicht „Das ist wie die Botschaft, die der Herr spricht“, sondern, „Das ist die Botschaft, die der Herr hat.“

Die ersten Worte einer Botschaft empfangen

Christen, die prophetisch reden, empfangen manchmal weder die Worte noch den Sinn einer Botschaft, sondern nur ein paar Anfangsworte. Aber sie gewinnen die innere Überzeugung, daß diese wenigen Worte den Anfang einer vollen prophetischen Botschaft darstellen. In diesem Vertrauen fangen sie einfach zu sprechen an. Während sie das tun, wird ihnen der Rest der Botschaft gegeben.

Eine Person braucht Mut, einfach zu sprechen anzufangen, wenn alles, was man momentan hat, nur der Beginn eines Satzes ist. Aber dieser mutige Gehorsam wird belohnt.

Ein guter Feund von mir machte eine interessante Erfahrung in dieser Richtung. In einer Gebetsversammlung, in der Prophetie ziemlich neu war, begann er zu spüren, daß er weissagen sollte. Aber die einzigen Worte, die auf ihn zukamen, waren „Die Eule in der Nacht“. Innerlich stöhnte er: „Wie wird das klingen, wenn ich beginne: „So spricht der Herr: Die Eule in der Nacht.“

Zuerst konnte er sich nicht überwinden, mit so etwas Lächerlichem zu beginnen. Aber als die Minuten verstrichen, wurde die innere Überzeugung, daß er prophetisch reden sollte, so stark, daß er zu reden begann, obwohl er immer noch nicht mehr als diesen scheinbar absurden Satzteil empfangen hatte. Nachdem er aber begonnen hatte, wurde ihm eine wunderschöne poetische Botschaft vom Herrn gegeben.

Ob ich nun den genauen Wortlaut, den sinngemäßen Inhalt oder nur die ersten Worte empfange, was mir gegeben ist, ist ein Wort des Herrn, auch wenn sich später vielleicht sogar eigene Gedanken hineinmischen sollten. Obwohl Prophetie manchmal „unrein“ sein kann, können wir es doch durch Gebet und Erfahrung lernen, die Botschaft so rein wie möglich weiterzugeben.

Die Vollmacht zur prophetischen Rede empfangen

„Ich war verstört und sehr erregt, denn ich spürte, wie der Herr Seine Hand auf mich gelegt hatte“ (Hesekiel 3,14 GN).

Hesekiel beschreibt die Erfahrung, die auch Propheten unserer Tage machen, etwa so: „Der Geist ergriff mich. Ich war geistlich bewegt. Die Hand des Herrn lag schwer auf mir.“ In einer Prophetie rührt der Geist eine Person an, drängt sie zu sprechen. Sie spürt die Gegenwart Gottes. Diese Erfahrung kann still und ruhig vor sich gehen oder auch turbulent und aufregend.

An dem Tag, an dem ich meine erste Botschaft verkündete, verspürte ich den Drang, das Empfangene weiterzugeben, und gleichzeitig hatte ich das innere Bewußtsein, daß es der Heilige Geist war, der mich drängte. In allen Fällen, bei denen ich seither prophetisch sprach, habe ich immer beides verspürt: das Drängen und die innere Gewißheit. Und auch die Erfahrungen, über die ich andere berichten hörte, und die, die ich in der Bibel las, wiesen diese beiden Elemente auf: den Drang, die erhaltene Botschaft weiterzugeben, und die innere Überzeugung, daß die Botschaft vom Heiligen Geist kam.

Viele der gegenwärtigen Veröffentlichungen über Prophetie sprechen von der „Salbung" zu weissagen. Das Wort „Salbung" ist dem Alten Testament entnommen, wo es eine heilige Handlung bezeichnet, mit der jemand für einen besonderen Dienst geweiht wurde.

Zum Beispiel wurde Öl auf das Haupt des Königs gegossen, um zu symbolisieren und zu verdeutlichen, daß er zur Regierung ermächtigt wird. In der christlichen Literatur finden wir die Bezeichnung Salbung oft für das Wirken des Heiligen Geistes gebraucht, bei der Er eine Person zubereitet und mit Kraft ausrüstet — für den Predigtdienst, zum Dienst der Wunderwirkungen und anderem. Manche gebrauchen dafür auch das Wort „Ölung".

In Beziehung auf Prophetie ist mit „salben" die Tätigkeit des Heiligen Geistes gemeint, die der Beauftragung und Bevollmächtigung der Person dient, die prophetisch reden soll. „Eine Salbung zum Weissagen" erhalten zu haben, bedeutet in diesem Sinne, das Drängen des Geistes verspürt und die innere Gewißheit erhalten zu haben, daß die Botschaft von Gott ist.

Manchmal schließt diese Salbung sowohl ein innerliches als auch ein äußerliches Empfinden ein. Manche beschreiben es als ein kribbeliges Gefühl auf dem Rücken oder ein Prickeln auf den Lippen, bevor sie prophetisch reden. Andere spüren einen Druck auf der Brust, ein „Aufzugsgefühl" in der Magengegend oder das Gefühl, daß Wind über ihre Hände bläst. Wie immer auch die Empfindung sein mag, es ist nicht die eigentliche Salbung zur Prophetie. Das Gefühl begleitet nur die innere Tätigkeit des Heiligen Geistes. Wir könnten sogar verwirrt werden, wenn wir zuviel auf Gefühle achten.

Zwei Jahre lang, nachdem ich zum erstenmal prophetisch redete, verzeichnete ich jedesmal Gefühle in der eben geschilderten Art. Ich begann, diese Gefühle mit Salbung zur Weissagung gleichzusetzen. Dann hörten sie plötzlich auf. Ich hatte überhaupt keine dieser körperlichen Empfindungen mehr. Das Drängen zu weissagen verspürte ich aber weiterhin. Ja, die Überzeugung, daß ich prophetisch reden sollte, war stärker als zuvor.

Ein oder zwei Monate lang verwirrte mich diese neue Situation. Ich war nicht sicher, ob ich weissagen sollte oder nicht. Mein Dilemma fand ein Ende, als ich mit einem Mann sprach, der schon lange Zeit weissagte. Er sagte mir, daß er manchmal solche körperlichen Empfindungen bei der Salbung hatte und manchmal eben nicht. Aber immer war das innere Bewußtsein da, daß der Heilige Geist ihn zum Sprechen aufforderte.

Gefühle sind nicht verläßlich, deshalb sollten wir uns nicht auf sie stützen, wenn es um die Entscheidung geht, zu weissagen oder nicht. Wenn Zeichen kommen, dann gut, wenn nicht, dann auch gut.

Die Beauftragung oder Salbung einer Person zur Prophetie ist eine geistliche Erfahrung, die nicht unbedingt die Gefühle einer Person berühren muß. Die meisten Menschen unserer Tage nehmen an, daß eine geistliche Erfahrung eine rein innere und subjektive Sache ist. Aber prophetische Inspiration geht darüber hinaus. Es ist eine Begegnung mit einer konkreten, lebendigen Realität — der Person Gottes.

Die Bezeichnung „geistliche Erfahrung“ ist eigentlich zu schwach, um das zu beschreiben, es bringt die objektive Wirklichkeit zu wenig heraus. Die Tatsache, daß der Prophet weiß, daß er etwas außer ihm selbst Stehendem — nämlich Gott und Seinem Wort — begegnet ist, ist wesentlich bei der prophetischen Inspiration oder Salbung.

Mit der Zeit und der Hilfe anderer Christen kann man zu einem Vertrauen in seine Empfindsamkeit auf die Impulse des

Heiligen Geistes kommen. Wir sind nicht gezwungen, bezüglich der Prophetie im Zweifel zu sein, sondern wir dürfen das feste Wissen haben, daß Gott bereit ist, uns Sein Wort zu offenbaren.

Prophetische Sprache

Vor zwei Jahren sprach ich auf einer Konferenz in Puerto Rico. Die Konferenzteilnehmer beteten oft, und der Herr sprach durch Prophetie zu ihnen. Zu Beginn des ersten Teils war ich überrascht zu hören, wie der Leiter der Konferenz, Tom Forrest, darum bat, daß alles Beten und Weissagen in englischer Sprache erfolgen solle. Die meisten Einwohner Puerto Ricos sprechen englisch und spanisch. Da aber viele Nordamerikaner anwesend waren, wurde Englisch zur offiziellen Konferenzsprache erklärt. Vorher war mir gar nicht bewußt geworden, daß die Menschen hier wählen konnten, ob sie in dieser oder jener Sprache weissagen wollten. Ein Geschehen in unserer Gemeinschaft, das sich vor einigen Jahren zutrug, liegt auch in dieser Richtung.

Unsere Gemeinschaft besteht aus Leuten aus sehr unterschiedlichen Kreisen, und es werden auch viele verschiedene Bibelübersetzungen benutzt. Einige, die die King-James-Übersetzung benutzten, weissagten damals in ziemlich altmodischem Englisch, während die anderen in der normalen Umgangssprache weissagten. Zum Beispiel konnte einer sagen: „Wahrlich, fürchtet euch nicht, sintemal Ich mitten unter euch bin", während ein anderer einfach gesagt hätte: „Habt keine Angst, Ich bin mitten unter euch!"

Viele in unserer Gemeinschaft hatten Schwierigkeiten, die Weissagungen in der altmodischen Sprache zu verstehen. Deshalb bat ich die betreffenden Personen, bei den Weissagungen normales heutiges Englisch zu gebrauchen. Meine Bitte löste Bestürzung aus: „Sollten wir nicht das weissagen, was Gott uns gibt?"

Die Sprache, die wir benutzen, können wir steuern. Jede Weissagung hat sozusagen eine persönliche Note, weil sie in der der Person entsprechenden Ausdrucksweise verkündet wird.

Wenn ein sehr gebildeter Mann prophetisch spricht, wird er höchstwahrscheinlich ein anderes Vokabular verwenden als ein anderer, der nur mangelhafte Schulbildung hatte. So wird auch, wenn ein Kind prophetisch redet, die Prophetie im Wortschatz des Kindes dargeboten.

Der Zweck der Prophetie ist es, Gottes Wort kundzumachen. Wenn niemand verstehen kann, was wir sagen, kann die Weissagung ihren Zweck nicht erfüllen. Als die Leute in unserer Gemeinschaft in ihrem veralteten Englisch weissagten, behinderten sie durch ihre archaische Sprache die Weitergabe des Wortes Gottes. Sie mußten ihre Art Sprache ändern.

In unserem Alltagsleben stimmen wir die Art, wie wir reden, auf unsere Umgebung ab. Mit unseren Freunden sprechen wir gelassen — lassen Sätze unvollständig, sprechen Dialekt oder gebrauchen eine eher saloppe Umgangssprache. Aber wenn wir uns um eine Arbeitsstelle bewerben, sind wir bemüht, uns gediegen auszudrücken. Wir werden zwar nicht jeden Satz, den wir bei solch einem Gespräch sagen, vorher in Gedanken durchgehen, aber unser Wunsch, ansprechend zu reden, wird die Sprache, die wir gebrauchen, prägen. Bei der Prophetie ist es ähnlich. Wenn wir wissen, daß wir klar und direkt reden sollten, wird dieses Wissen unsere prophetische Sprache formen.

Die Art, wie die Prophetie gebracht wird, kann ihre Wirkung erhöhen. Jesaja sprach manchmal in poetischer Form und schrieb Lieder, mit denen er das Wort des Herrn überbrachte. Viele der Propheten gebrauchten Bilder und Gleichnisse, um die Wirkung der Botschaft zu erhöhen.

Wenn wir in der Ausübung der prophetischen Gaben reifer werden, werden wir auch die rhetorisch richtige Art finden, die die Botschaft in eindrücklicher Weise darbietet. Unsere erste Sorge muß es aber immer sein, Gottes Wort in einfacher, direkter Art zu verkündigen.

Ich habe bisher noch nicht erlebt, daß eine Botschaft des Herrn deshalb nicht ankam, weil sie in einfacher Alltagssprache dargeboten wurde. Ich habe jedoch schon erlebt, wie Leute so sehr bemüht waren, eine schöne Sprache zu bieten, daß sie schließlich darin versagten, Gottes Wort klar und deutlich zu bringen. Wir brauchen nicht unbedingt eine schöne Sprachform — wir brauchen Gottes Wort. Wenn wir eine gewisse Reife im Wandel und in der Ausübung der prophetischen Gaben erlangt haben, wird es uns gelingen, prophetisch klar und schön zu reden. Aber unsere erste Sorge sollte der Klarheit gelten.

Um es anders auszudrücken: Wir sollten auf solche Art weissagen, daß es dem Hörer eine Verständnishilfe wird. Wenn der Herr uns besondere Worte zum Aussprechen gibt, sollten wir sie gerade so aussprechen, wie wir sie erhalten. Wenn wir die Botschaft mit eigenen Worten formen müssen, sollten wir sie einfach und klar halten. Wir brauchen keine großen Poeten zu sein, wir müssen nur Gottes Wort verkündigen.

Das Überbringen der prophetischen Botschaft

Stellen wir uns vor, ein König möchte seinen Bürgern eine wichtige Botschaft verkündigen lassen. Er bereitet die Botschaft sorgfältig vor und vergewissert sich, daß sie leicht verständlich ist. Er wählt einen Tag zur Verkündigung der Botschaft aus und einen Botschafter, dem er vertraut. Der wird in ein königliches Gewand gekleidet, erhält die Schriftrolle mit der Botschaft und den Auftrag, die Rolle auf dem Marktplatz dem Volk vorzulesen. Unter Begleitschutz und mit Trompetenschall geht es nun zum Stadtplatz. Das Volk wird herbeigerufen, versammelt sich auf dem Platz.

Der Botschafter steigt auf ein Podest, während die Hörner geblasen werden. Dann herrscht erwartungsvolle Stille. Der Botschafter rollt die Papierrolle auf, räuspert sich und murmelt dann die Botschaft vor sich hin, ohne daß das Volk sie versteht. Dann steigt er vom Podest herunter und geht zum Palast des Königs zurück.

Oder nehmen wir einen anderen Fall: Der Botschafter nimmt die Rolle mit der Botschaft in Empfang und geht damit zum Stadttor. Dort liest er die Botschaft des Königs laut und feierlich vor — während das ganze Volk auf dem Marktplatz wartet.

In beiden Fällen wird der König höchstwahrscheinlich den versagenden Botschafter absetzen.

Wir sehen: Art, Ort und Zeitpunkt spielen bei der Prophetie genauso eine Rolle wie die Verkündigung der Botschaft selbst. Wir wollen deshalb jetzt über mehrere Dinge sprechen, die man beachten muß, damit das Wort auch tatsächlich die Ohren derer erreicht, für die es bestimmt ist.

Erstens müssen wir so sprechen, daß die Leute uns hören können. Wenn eine Person mit einer sehr leisen Stimme zu einer großen Menschenmenge spricht, wird kaum jemand die Botschaft verstehen. Oder umgekehrt: Wenn jemand eine Botschaft in eine kleine Gruppe hineinschreit, sind die Hörer zu erschrocken, um darauf zu achten, was gesagt wird.

Passe also die Art, wie du sprichst, deiner Situation an. Wenn du aufstehen oder ein Mikrophon benutzen kannst, dann tu es. Wenn du die Neigung hast, ziemlich stürmisch zu sprechen, dann mag es gut sein, darauf zu achten, daß du nicht über die Köpfe deiner Zuhörer hinweg verkündigst.

Zweitens müssen wir an der richtigen Stelle und zur richtigen Zeit weissagen. Ich kenne einen Mann, der während des Gottesdienstes ein prophetisches Wort erhielt. Deshalb erhob er sich zugleich und weissagte. Die meisten in dieser Kirche hatten nie zuvor eine Weissagung gehört und hatten keine Ahnung, was das bedeutete. So führte sein Reden nur zu Unruhe und Verwirrung.

Die Feststellung, daß die Geister der Propheten den Propheten untertan sind, gibt eine wichtige Wahrheit wieder. Wir müssen bei der Ausübung der Gaben überlegt und sorgfältig vorgehen. Manchmal haben wir sogar zu entscheiden, ob wir prophezeien sollen oder nicht.

Ich lernte diesbezüglich ein Lektion, als ich vor einigen Jahren eine Konferenz besuchte. Für die meisten, die auf der Konferenz anwesend waren, war Prophetie kein Neuland, auch den Rednern nicht. An einem der Tage, als der Redner mitten im Vortrag war, fing in der Zuhörerschaft plötzlich eine Frau an, prophetisch zu reden. Rev. Graham Pulkingham, der den Vortrag hielt, hielt kurze Zeit inne, um sie zu Ende reden zu lassen. Dann sagte er ihr, nett aber bestimmt, daß sie nicht mitten in seinen Vortrag hinein hätte weissagen sollen. Die Frau nahm diese Korrektur nicht übel, und ich glaube, die Anwesenden profitierten von dieser Instruktion.

Viele meinen wohl, daß es leichter für uns wäre, wenn wir nicht die Verantwortung für die Ausübung der Gabe der Prophetie übernehmen müßten. Wir könnten dann einfach sagen: „Sieh mal, Gott gab mir diese Prophetie, also beschuldige Ihn, wenn etwas nicht richtig gelaufen ist." Aber Gott gab Seine Gabe in unsere Hände, und wir haben zu lernen, wie wir sie um Seinetwillen gut einsetzen. Statt zu klagen, sollten wir Gott vielmehr danken, daß Er uns erlaubt, auf diese Weise mit Ihm zusammenzuwirken. Und es sollte unser Bestreben sein, Ihm immer verantwortungsbewußter zu dienen.

6

Die Formen der Prophetie

„Wohlan, ich will meinem lieben Freunde singen, ein Lied von meinem Freund und seinem Weinberg“ (Jesaja 5,1).

„Und als er (Agabus) zu uns kam, nahm er den Gürtel des Paulus und band sich die Füße und Hände und sprach: Das sagt der Heilige Geist . . . “ (Apostelgeschichte 21,11).

Die Propheten des Alten wie auch des Neuen Testaments waren bei der Weitergabe der Botschaften nicht nur darauf beschränkt, prophetisch zu reden. Sie komponierten prophetische Lieder (oder sangen Lieder, die vom Heiligen Geist inspiriert waren), sie vollzogen prophetische Handlungen — sie gaben sogar ihren Kindern prophetische Namen.

Ein Theologe schreibt: „Ja, sie zögerten nicht, sich aller möglichen Mittel zu bedienen, mit denen sie ihre Botschaft darstellen konnten. Es gab fast nichts, ob heilig oder weltlich, das nicht von diesem oder jenem Propheten als Darstellungsobjekt bei der Ausübung seines Dienstes verwandt wurde.“

Kurze Zusprüche

Die einfachste und direkteste Form der Weissagung ist der prophetische Zuspruch, bei dem der Prophet die Menschen in klarer, deutlicher Sprache anspricht, als ob der Herr selbst sprechen würde. Eine solche Botschaft mag mit „der Herr spricht“ oder „der Heilige Geist spricht“ eingeleitet sein oder nicht, aus der Weitergabe wird klar, daß die Rede von Gott kommt.

Diese Zusprüche sind ziemlich einfach gehalten. Sie geben die Botschaft des Herrn wieder, ohne viele Umstände. Darin liegt ihr großer Nutzen. Es gibt Situationen (sehr häufig sogar), die eine einfache Darbietung der Botschaft Gottes verlangen. Bei diesen Aussprüchen wird die Botschaft als direktes Wort weitergegeben.

Prophetische Ermahnung und Ermunterung

Die wahrscheinlich am meisten vorkommende Form der Prophetie ist Ermutigung und Ermahnung. Im 15. Kapitel der Apostelgeschichte werden zwei Propheten erwähnt (Judas und Silas), die nach Antiochien kamen und die dortigen Brüder ermunterten/ermahnten und stärkten. Das griechische Wort hier kann mit Ermahnung oder Ermunterung übersetzt werden.

Ermunterung belebt, erneuert, stärkt, festigt die Hoffnung und gibt neuen Mut. Ein Beispiel: In der Pause eines Fußballspiels spricht der Trainer mit der Mannschaft und versucht, die Spieler zu ermutigen. Er spricht der Mannschaft gut zu, zeigt aber auch, wenn der Spielverlauf Fehler aufzeigte, wie diese vermieden werden können. Wenn Mutlosigkeit aufgekommen ist, versucht er, die Mannschaft aufzurichten und anzuspornen, so daß sie mit neuer Einstellung und Zuversicht wieder aufs Spielfeld geht.

Jeder ist in der Lage, einem Mitchristen, der in einer Situation ist, in der er sich Sorgen macht, wie es weitergehen soll, ermunternde Worte zu sagen, ihm zu versichern, daß er auf Gott vertrauen kann. Aber prophetische Ermutigung ist mehr: Sie ist vom Heiligen Geist inspiriert. Es ist ein Wort der Ermutigung, das vom Herrn selbst kommt.

Vor ungefähr drei Jahren sprach Ralph Martin auf dem „Michigan Day of Rededication“. Die Teilnehmer an dieser Veranstaltung standen alle schon jahrelang im Dienst für den Herrn, wiesen aber gewisse Müdigkeitserscheinungen auf, wie sie natürlicherweise nach langer Arbeit eintreten. Ralphs Ansprache über das Thema „Das freudige Leiden eines treuen Knechtes" war eine klare und kräftige Ermutigung, weiter den Dienst für den Herrn auszurichten. Die sich versammelt hatten, wußten, daß sie Gottes Wort gehört hatten. Sie fühlten sich erfrischt, neu belebt und waren gestärkt, wieder ihren Dienst freudig aufzunehmen.

Oftmals erkennen wir, daß der Herr etwas in eine Versammlung hinein sagen will, spüren aber nicht, daß wir weissagen sollten. In solchen Fällen können wir eine inspirierte Ermutigung weitergeben. Anders als wenn wir in der ersten Person sprechen, haben wir hier größere Freiheit im Ausdruck und können das, was der Herr sagen will, in größerer Länge und in mehr Details weitergeben. Wir können darlegen, was das Wort uns selbst bedeutet, und können persönliche Beispiele gebrauchen, um das Wort verständlich zu machen.

Vor zwei Wochen besuchte ich eine christliche Versammlung in meiner Heimatstadt. Als wir zusammen beteten, fühlte ich mich inspiriert, ein prophetisches Wort weiterzugeben. Als ich die Botschaft in mir bewegte, merkte ich, daß eine Geschichte, die ich gerade las, es besser ausdrückte als eine Prophetie in der ersten Person. Anstatt zu weissagen, gab ich deshalb einfach eine prophetische Ermutigung, bei der ich diese Geschichte als Illustration erwähnte.

Wenn du fühlst, daß der Herr durch dich reden möchte, aber direkte Prophetie nicht der richtige Weg zu sein scheint, um dieses Wort zu vermitteln, dann versuche, es durch eine prophetische Ermutigung auszudrücken.

Manche fürchten, daß die Ermutigung schwächer als die Prophetie ankommt. Einige sind besorgt, daß die Zuhörer meinen könnten, sie gäben nur ihre persönliche Überzeugung zum besten. Wenn wir glauben, daß unsere Ermutigung Gottes Wort darstellt, können wir sie auch mit Nachdruck weitergeben, und unsere Worte werden von göttlicher Autorität getragen sein.

Inspiriertes Gebet

Manchmal inspiriert Gott eine Person, öffentlich in einer Art zu beten, die die Herzen der Zuhörer berührt. Manchmal hat das Gebet ein unverkennbares prophetisches Element in sich. Als Zacharias und Simeon Gott Dankgebete darbrachten, waren diese Gebete durch und durch prophetisch (1. und 2. Kapitel des Lukas-Evangeliums). Durch diese Gebete offenbarte Gott den Plan, den er in Johannes dem Täufer und Seinem Sohn Jesus zur Ausführung gelangen ließ.

Prophetisches Gebet finden wir oft in der Anbetungszeit. In Esra 9,6-15 und Nehemia 9,6-37 haben wir Beispiele prophetischen Gebets. Als Esra vor dem Volk betete, wurden die Menschen tief bewegt. Sein Gebet hatte Kraft, denn es war inspiriert. Ein wahrhaft inspiriertes Gebet wendet die Herzen der Hörer Gott zu und führt sie in den Lobpreis und die Anbetung Gottes. Wenn inspiriert gebetet wird, wird die Anbetung Gottes oft zu einer verändernden Erfahrung.

Wenn du betest und spürst, daß der Herr dir etwas zum öffentlichen Gebet gibt, dann sprich es aus und laß die Kraft des Heiligen Geistes zur Wirkung kommen.

Prophetische Lieder

Einige der schönsten und bewegendsten Melodien und lyrischen Gedichte, die ich hörte, waren prophetisch. Prophetische Lieder werden oft im Rahmen der Anbetung und des Lobpreises gegeben und dienen zur Ermunterung zu noch stärkerem Lobpreis Gottes. Viele dieser Lieder beschreiben Gottes Güte, Seine Liebe, Majestät in solch einer Weise, daß wir nicht anders können als Gott zu danken und Ihn zu preisen.

Ein prophetisches Lied zu empfangen, ist ähnlich wie der Empfang einer prophetischen Rede. Manchmal hörst du in dir ein Wort des Herrn und eine Melodie, die dazu mitschwingt. Ein andermal magst du nur die Worte eines Gebets oder einer Botschaft empfangen, aber du fühlst dich gedrängt, die Botschaft nicht zu sprechen, sondern zu singen.

Wenn das geschieht, dann beginnst du mit einem Ton, und die weitere Melodie wird dir dann gegeben. Prophetische Lieder kommen nicht einfach auf den Entschluß hin, daß du eine Melodie entwerfen wirst, sondern sie kommen auf die Inspiration hin, im Geist zu singen. In anderen Worten: Du kannst ein prophetisches Lied nicht selbst komponieren, sondern nur empfangen.

Die Worte stehen beim prophetischen Lied nicht so sehr im Vordergrund wie bei der prophetischen Rede. Das prophetische Lied vermittelt gewöhnlich eine Erfahrung und erweckt uns geistlich, in ähnlicher Weise, wie es inspiriertes Gebet oder geistliche Ermutigung tun.

Meistens werden prophetische Lieder solchen zuteil, die eine gute Singstimme haben. Gott gebraucht dabei die natürlichen Gaben, die Er uns gegeben hat, um die geistliche Gabe, die Er uns schenkt, zu unterstützen. Wenn du eine gute Singstimme hast, solltest du offen dafür sein, prophetischen Gesang vom Herrn zu empfangen.

Auf den Wegen des Herrn gibt es aber manchmal auch Überraschungen: Vielleicht denkst du, daß du überhaupt nicht singen kannst. Nun, ich habe von Leuten gehört, die, obwohl sie sonst bei Liedern den Ton nicht finden konnten, unter der Inspiration des Heiligen Geistes wunderbar sangen.

Ich habe aber auch schon Leute gehört, die Gesangsausbildung genossen hatten und die versucht haben, prophetisch zu singen — mit peinlichem Ergebnis. Es hilft zu wissen, daß Gott normalerweise unsere natürlichen Gaben gebraucht. Jedoch sollte uns dieses Wissen nicht davon abhalten, jede Gabe, die Gott uns geben will, anzunehmen.

Offenbarung

Als Jesus der Frau am Jakobsbrunnen (Johannes 4) sagte, daß sie fünf Männer hatte und der Mann, mit dem sie jetzt zusammenlebte, nicht ihr Gatte war, antwortete sie: *„Herr, ich sehe, daß du ein Propet bist!“*

Sie wußte, daß ein Prophet verborgene Dinge ans Licht bringen konnte und die Geheimnisse des Herzens offenlegen konnte.

Die Schrift enthält eine Fülle von Berichten über Propheten, die Geheimnisse verkündeten, die sie auf keine andere Weise als nur durch das Wirken des Heiligen Geistes wissen konnten. Um ein Beispiel herauszugreifen: Der Prophet Elisa wußte, daß sein Diener Gehasi gelogen und Geschenke von dem geheilten Naeman entgegengenommen hatte (2. Könige 5).

Von Zeit zu Zeit offenbart uns Gott Dinge, die wir sonst nicht zu wissen bekommen hätten. Vor ungefähr vier Jahren hatte ich ein seelsorgerliches Gespräch mit einer jungen Frau, die ernste emotionale Probleme hatte. Ich wußte, daß der Herr ihr helfen wollte, aber hatte keine Ahnung, was ich ihr sagen sollte. Zu Beginn unserer Unterhaltung beteten wir zusammen.

Im Gebet zeigte mir der Herr ein Bild, in dem ein kleines Kind und seine Mutter zu sehen waren. Ich sah den Vorfall in allen Einzelheiten, beinahe so, als ob in meinen Gedanken ein Film ablief: Ein Mädchen, etwa vier Jahre alt, saß im Wohnzimmer und spielte mit seinen Sachen. Plötzlich kam die Mutter ins Zimmer und begann, das Mädchen anzuschreien. Sie prügelte es und schickte es auf sein Zimmer.

Als ich das alles sah, verstand ich, daß das Mädchen in jener Nacht bettnäßte. Ihre Mutter war zornig, weil es danach immer wieder geschah. Das kleine Mädchen wurde ganz gehemmt, entmutigt und ängstlich. Ich konnte verstehen, wie hilflos es sich fühlte: Wie konnte es das beherrschen, was im Schlaf geschah?

Ich war ein wenig nervös, denn ich wußte nicht, wie ich ihr gegenüber darauf eingehen sollte. Schließlich faßte ich Mut. Ich erzählte der Frau, daß ich den Eindruck bekommen hatte, daß etwas zwischen ihr und ihrer Mutter geschah, als sie ungefähr vier Jahre alt war. Ich beschrieb, was ich gesehen hatte, worauf sie ganz aufgeregt wurde. Es war die genaue Beschreibung eines Ereignisses, das sie fast vergessen hatte. Alle Einzelheiten paßten. Als wir über die Schläge, die sie vor vielen Jahren erlitt, sprachen, bekamen wir neue Einsichten, durch die ihr schließlich geholfen wurde, ihre emotionalen Probleme zu überwinden.

Die Offenbarungen von Tatsachen, die wir selbst nicht wissen konnten, ist ein kräftiges, überführendes Werk des Heiligen

Geistes. Die Frau am Brunnen kam zum Glauben an Jesus, weil Er ihr gesagt hatte, was Er nur durch göttliche Offenbarung erhalten haben konnte.

Paulus schreibt in 1. Korinther 14,24-25: *„Wenn sie aber alle prophetisch redeten und es käme ein Ungläubiger oder Unkundiger hinein, er würde von allen geprüft und von allen überführt; was in seinem Herzen verborgen ist, würde offenbar, und so würde er niederfallen auf sein Angesicht, Gott anbeten und bekennen, daß Gott wahrhaftig unter euch ist.“*

Wir müssen immer besorgt sein, daß die Offenbarung in einer Weise weitergegeben wird, die den Anzusprechenden hilft und sie ermutigt. Das ist besonders bei Offenbarungen wichtig, die die private Sphäre der Menschen betreffen, z. B. das Intimleben. Solche Offenbarungen können große Wunden aufreißen, wenn sie grob und ohne Liebe behandelt werden.

Vor einigen Jahren betete ich mit einer Person, und als ich betete, zeigte mir Gott etwas, was diesem Mann vor vielen Jahren geschah. Die Offenbarung bezog sich auf eine sehr delikate Angelegenheit. Ich fühlte, daß es unweise wäre, ihn gleich jetzt mit dieser Sache zu konfrontieren, und sagte deshalb nichts.

Ein Jahr später sprach ich mit demselben Mann und begann dabei gerade über den Vorfall, der mir ein Jahr zuvor geoffenbart worden war, zu sprechen. Ich bin Gott dankbar, daß ich nichts über die Offenbarung sagte, als ich sie damals empfing. Gott hatte eine Zeit und einen Ort, wo ich das Wissen, das mir gegeben war, effektiv anwenden konnte.

Hier müssen wir sehr vorsichtig mit prophetischen Offenbarungen sein. Erstens mögen wir uns irren, wenn wir denken, etwas sei uns geoffenbart worden. Zweitens ist es nicht immer hilfreich, die Offenbarung, die uns geschenkt wurde, gleich weiterzugeben.

Wir könnten uns irren. Stell dir vor, was passieren würde, wenn du auf eine Frau zugehst, die vor 15 Jahren heiratete und ihrem Ehemann immer treu blieb. Du sagst ihr auf den Kopf zu: „Fünf Männer hast du gehabt, und der, mit dem du jetzt zusammenlebst, ist nicht dein Gatte!“

Wenn wir eine echte Offenbarung erhalten, können wir Gottes Werkzeug zu dramatischen Bekehrungen sein. Aber wenn wir etwas Falsches weitergeben, können wir andere verwirren, abstoßen oder verletzen. Je schwerwiegender die Sache ist, um die es sich handelt, desto größer ist unsere Verantwortung, alles eingehend zu prüfen und zu beurteilen. Hier heißt es vorsichtig und überlegt handeln.

Noch einmal: Gott mag uns eine Offenbarung geben, ohne daß wir gleich handeln sollen. Er mag etwas nur deshalb offenbaren, damit du es zur Verfügung hast, wenn die passende Situation eintritt. Ich glaube jedoch, daß Gott uns in den meisten Fällen, wenn Er uns etwas zeigt, auch Anweisung gibt, was wir zu tun haben. Wenn wir Seinen Rat suchen, wie wir auf die Offenbarung hin handeln (oder nicht handeln) sollen, werden wir Fehler vermeiden.

Gott will, daß wir Ihm dienen, und rüstet uns dazu aus. Offenbarungen können ein wichtiger Teil dieser Ausrüstung sein, wenn wir sie sorgfältig behandeln. Wenn wir überlegt vorgehen, kann durch eine Offenbarung viel Frucht für den Herrn gebracht werden.

Persönliche Prophetie

Gott kann durch Prophetie sowohl zu einzelnen Personen als auch zu ganzen Gruppen sprechen. Durch Agabus (und andere) sagte der Heilige Geist Paulus Schwierigkeiten voraus, die in Jerusalem auf ihn warteten.

Von Zeit zu Zeit kommt es vor, daß der Herr uns ein besonderes Wort für eine bestimmte Person gibt. Das Wort mag z. B. Leitung für jemand sein, der dabei ist, eine Entscheidung zu treffen. Es mag abraten, ermutigen, ermahnen oder trösten. Es mag jemand von Sünde überführen, wie Nathans Prophetie David von seiner Sünde überführte (2. Samuel 12).

Meine erste Erfahrung mit einer Prophetie, die ich für jemand bekam, zeigt die große Wirkung, die solch eine Prophetie haben kann. Als ich vor sechs Jahren eines Morgens in der Kapelle betete, gewahrte ich einen Mann, der auch in der Kapelle saß. Ich kannte ihn ziemlich gut, und es war nichts Ungewöhnliches, ihn hier zu sehen, denn er betete oft.

Aber an jenem Morgen spürte ich, daß der Herr ihm etwas sagen wollte. Ich ging zu ihm hinüber und sagte ihm, daß ich eine Botschaft für ihn habe. Er war überrascht. Was ich sagte, war sehr einfach gehalten: Gott kenne und liebe ihn.

Später während des Tages kam dieser Mann zu mir und dankte für die prophetischen Worte. Die Versicherung, daß Gott ihn kannte und liebte — ihn sogar so liebte, daß Er persönlich zu ihm sprach —, machte tiefen Eindruck auf den Mann. Zwei Jahre danach kam er nochmals auf mich zu und dankte mir erneut für jene Worte. Sie waren ihm in schwieriger Zeit Ermutigung und Stütze geworden. Oft kamen ihm diese Worte wieder in den Sinn, wenn er vor Prüfungen und Problemen stand, und er fühlte sich dann innerlich neu erfrischt und gekräftigt.

Es kommt aber auch vor, daß einzelne Personen falsche Prophetie erhalten. Nämlich da, wo Menschen die Prophetie als Mittel zur Durchsetzung ihrer eigenen Ideen mißbrauchen. Zum Beispiel weissagte ein Mann einer Frau, daß Gott wolle, daß sie ihn heirate. Wahrscheinlich wollte er seinem Heiratsantrag mit „göttlicher Autorität" zum Erfolg verhelfen.

Bei der Prophetie für einzelne Personen brauchen wir ebenso Sorgfalt im Prüfen und Unterscheiden wie bei den anderen Formen der Prophetie. Wenn eine Prophetie zu einer definitiven Entscheidung auffordert, müssen wir sie um so mehr prüfen.

Visionen

Für viele von uns stellt Johannes auf der Insel Patmos das große Bild prophetischer Eingebung dar:

„Danach sah ich, und siehe, eine Tür war aufgetan im Himmel, und die erste Stimme, die ich mit mir hatte reden hören wie eine Posaune, die sprach: Steig herauf, ich will dir zeigen, was nach diesem geschehen soll. Alsbald wurde ich vom Geist ergriffen. Und siehe, ein Thron stand im Himmel, und auf dem Thron saß einer. Und der da saß, war anzusehen wie der Stein Jaspis und Sarder; und ein Regenbogen war um den Thron, anzusehen wie ein Smaragd" (Offenbarung 4, 1-3).

Oder Hesekiel:

„Im dreißigsten Jahr am fünften Tage des vierten Monats, als ich unter den Weggeführten am Fluß Kebar war, tat sich der Himmel auf, und Gott zeigte mir Gesichte“ (Hesekiel 1,1).

Vielleicht meinen wir, daß uns nichts so stark von den Propheten unterscheidet und uns so fremd vorkommt wie die Visionen, die sie hatten. Sie scheinen so etwas Mystisches, Unrealistisches und manchmal Spektakuläres an sich zu haben. Und doch sind Visionen nicht geheimisvoller als andere Eingebungen. Ja, wir sollten sogar Visionen erwarten!

Durch Visionen offenbart uns Gott Seine Gedanken, Absichten und Vorhaben in eindrücklicher Weise. Ich war, um es milde auszudrücken, sehr bestürzt, als ich das erstemal eine Vision empfing. Schließlich dachte ich, jemand wie ich, der „mit beiden Beinen auf der Erde stand“, würde keine Visionen bekommen.

Aber im Sommer 1969, als ich mit einer Gruppe auf einer Freizeit in Kanada war, bekam ich eine Vision. Eines Nachts beteten wir alle, und ich spürte, wie Gott durch eine Prophetie zu uns reden wollte. Innerlich war ich am Lauschen, um Sein Wort zu hören.

Plötzlich schien es mir, als ob ich auf einem großen Platz stand. Viele Menschen liefen auf mich zu. Ich konnte zwar keinen Führer entdecken, aber alle Leute bewegten sich so vorwärts, als ob sie jemand folgten. Nun stand ich vor der Frage, wie wir sie so ähnlich auch in den prophetischen Büchern der Bibel finden: „Herr, was bedeutet das?“ Vielleicht habe ich diese Frage tatsächlich halblaut ausgesprochen, denn in diesen Augenblicken war ich so mit dem Gesehenen beschäftigt, daß ich die anderen, die im Saal anwesend waren, ganz vergaß. Dann hörte ich den Herrn reden, wie ich es auch bei anderen Eingebungen erfuhr: „Ihr seid Mein Volk. Folgt Mir, wohin Ich euch führe ... “

In ein oder zwei Minuten war die Vision einschließlich der nachfolgenden Worte vorbei. Was sollte ich nun tun? Den Leuten sagen, daß ich eine Vision hatte? Ich, der ich als nüchtern galt? Schließlich raffte ich mich auf und sagte: „Brüder, ich glaube, ich habe eine Vision gehabt.“

Als ich schilderte, was ich gesehen und gehört hatte, fühlten sich die Zuhörer angesprochen und akzeptierten dies als eine Offenbarung des Heiligen Geistes.

Wenn wir Visionen empfangen, sollten wir die anderen richtig daran teilhaben lassen. Es gibt keinen Grund, so zu tun, als ob das etwas Seltsames und Geheimnisvolles wäre. Wir können einfach ganz normal beschreiben, was wir gesehen und gehört haben. Die Vision soll, wie jede andere Prophetie, geprüft und beurteilt werden. Wenn sie von Gott ist, hält sie der Prüfung stand.

Ich habe eine relativ gute Vorstellungsgabe, so daß ich in der Zeit, als ich die ersten Visionen hatte, mich selbst fragte, ob ich mir das vielleicht nur in meinen eigenen Gedanken vorgestellt hatte. Das war eine ganz plausible Frage, denn manche Leute halten fälschlicherweise ihre eigenen lebhaften Phantasievorstellungen für prophetische Visionen.

Da solche Fehler auftreten können, müssen auch Visionen geprüft werden, wie es bei jeder anderen Form von Prophetie üblich ist. Auf Leute, die emotional unstabil oder geneigt sind, in Phantasievorstellungen zu leben, sollte man sich bei prophetischen Äußerungen nicht verlassen. Wenn eine Person jedoch stabil und vertrauenswürdig ist, dürfen wir ihre Visionen akzeptieren.

Prophetische Handlungen

„So spricht der Herr zu mir: Mache dir ein Joch und lege es auf deinen Nacken und schicke Botschaft zum König von Edom" (Jeremia 27,2-3).

„Und als wir mehrere Tage dablieben, kam ein Prophet mit Namen Agabus aus Judäa herab. Und als er zu uns kam, nahm er den Gürtel des Paulus und band sich die Füße und Hände und sprach: Das sagt der Heilige Geist: Den Mann, dem dieser Gürtel gehört, werden die Juden in Jerusalem so binden und in die Hände der Heiden überantworten" (Apostelgeschichte 21,10-11).

Die Propheten des Alten und Neuen Testaments gestalteten ihre Prophetien oft besonders eindrücklich, indem sie unter der Inspiration des Heiligen Geistes Handlungen vornahmen, die die zu verkündende Botschaft wirkungsvoll darstellten bzw. unterstützten.

Hosea und Jesaja gaben ihren Kindern prophetische Namen (Hosea 1,4.6.9; Jesaja 8,3). Hesekiel baute ein Modell Jerusalems, wie es unter Belagerung stand (Hesekiel 4,1-3). Jeremia, der oft prophetisch handelte, versteckte einen Gürtel in einer Felsspalte (Kapitel 13), zerschmetterte einen Krug als Zeichen der Zerstörung (19), lief mit einem Ochsenjoch herum (27) und kaufte einen Acker als Zeichen kommender Wiederherstellung des Landes (32). Alle diese Handlungen waren inspirierte Dramaturgie zur prophetischen Botschaft. Die Propheten handelten aber nicht so, weil sie Dramatik verbreiten wollten, sondern sie führten die Handlungen auf das Wort des Herrn hin aus.

Heute können wir oft erleben, wie Leute etwas tun, um Aufsehen zu erregen: Schriftliche Unterlagen werden verbrannt, Demonstrationen abgehalten usw. Im weiten Sinne könnte man das noch symbolische Handlung nennen, aber Handeln auf den Auftrag des Herrn hin und zur Begleitung einer prophetischen Botschaft ist etwas anderes. Die Kraft dazu kommt vom Heiligen Geist, der zu diesem Handeln inspiriert.

Zungenrede und Auslegung

„Wer also in Zungen redet, der bete, daß er es auch auslegen kann. Wenn jemand in Zungen redet, so seien es zwei oder höchstens drei, und einer nach dem anderen; und einer lege es aus. Ist aber kein Ausleger da, so schweige er in der Gemeinde und rede für sich selber und für Gott“ (1. Korinther 14,13.27-28).

Paulus hatte der Gemeinde in Korinth einiges über das Zungenreden in den Versammlungen zu sagen. Er machte ihnen klar, daß das Zungenreden nur dann erfolgen solle, wenn die Botschaft auch ausgelegt werden konnte. Der Grund ist einleuchtend: Wenn die Botschaft nicht ausgelegt wird, kann keiner wissen, was sie beinhaltet, und deshalb kann auch keiner Nutzen daraus ziehen. Wenn aber der Heilige Geist jemand inspiriert, in der Versammlung in Zungen zu reden, und es ist einer da, der es auslegt, werden alle auferbaut.

Ich wurde schon öfters gefragt: „Warum sollte Gott Zungenrede und Auslegung inspirieren? Es wäre doch viel einfacher, er würde jemand inspirieren, der es gleich in verständlicher Sprache wiedergibt!" Ich habe keine Antwort auf diese Frage. Gott hat nun einmal den Weg gewählt, daß er Zungenrede und Auslegung inspiriert. Und es ist besser für uns, wenn wir einfach die Gaben empfangen und mit Dank betätigen, als daran herumzurätseln, warum Gott es auf diese Weise eingerichtet hat.

Ein bekannter christlicher Schriftsteller ist der Meinung, daß, wenn Zungenrede und Auslegung erfolgen, die Auslegung ein inspiriertes Gebet sein sollte. Zungenrede, so erklärt er, sei eine Gebetsgabe, und deshalb sollte logischerweise die ausgelegte Botschaft inspiriertes Gebet sein. Diese Ansicht hat zwar etwas für sich, aber meine und die Erfahrung vieler anderer Christen ist es, daß die Zungenbotschaft nicht immer als Gebet, sondern auch als Weissagung ausgelegt wird.

Zungenrede mit Auslegung funktioniert in vielem genauso wie die Gabe der Prophetie. Jemand spürt die Salbung zu reden, aber nicht in seiner eigenen, sondern in einer unbekannten Sprache. Derjenige, der die Auslegung empfängt, spürt auch diese Salbung und erhält von Gott entweder die Botschaft oder den Beginn der Botschaft. Meistens wird er auch eine innerliche Bestätigung spüren, daß die Botschaft, die er erhielt, die vorhergehende Zungenbotschaft auslegt.

Ich glaube fest, daß Zungenrede und Auslegung in der Gemeinde betätigt werden sollten. Viele von uns finden diese Gabe zwar weniger rational und deshalb komplizierter als einfache Prophetie. Aber ich habe erlebt, wie Zungenrede und Auslegung Leben und Kraft in die Versammlung strömen ließen. Wir sollten anerkennen, daß sie zu den prophetischen Gaben gehören, die Gott der Gemeinde geben will, und sollten uns danach ausstrecken, sie zu erfahren und mit Dank zu betätigen.

Prophetie im privaten Gebet

Vor fünf Jahren hatte ich ein kurzes Gespräch mit jemandem, der mir erzählte, daß er, als er für sich selbst betete, eine Salbung zur Weissagung verspürte. Er war etwas konsterniert, weil niemand dabei war, der zuhören konnte. Aber er weissagte trotzdem. Das Wort, das Gott ihm gab, belebte und ermutigte ihn sehr.

Als ich mich nach diesem Gespräch verabschiedete, kratzte ich mich am Kopf und war sehr mißtrauisch. „Prophetie", sagte ich mir selbst, „ist schließlich eine Gabe für den Leib Christi. Sie ist für die anderen bestimmt, nicht für mich selbst. Wie kann dann einer weissagen, wenn niemand bei ihm ist?" Aber einige Monate später, als ich allein betete, spürte ich ebenfalls, daß ich weissagen sollte. Ich tat es, und auch ich fand durch die Botschaft Ermutigung.

Seit dieser Zeit habe ich öfters, während ich für mich betete, prophetisch gesprochen und glaube, daß das ganz normal ist. Richtig, Prophetie ist zur Auferbauung des Leibes Christi gegeben, aber warum sollte der Herr diese Gabe nicht auch dazu gebrauchen können, direkt zu einem einzelnen zu sprechen, ihn zu ermutigen, ihn in die Anbetung zu führen?

Wenn du jemals fühlst, daß du weissagen solltest, während du allein im Gebet bist, dann tue es nur und sprich die Weissagung aus.

Als ich zum erstenmal Prophetie in dieser Weise erfuhr, dachte ich: „Ich weiß bereits, was der Herr mir gesagt hat, warum sollte ich es denn aussprechen und weissagen?" Der Grund ist einfach: Prophetie ist gesprochenes Wort. Wenn wir die Botschaft, die Gott gibt, aussprechen, wird die Kraft der prophetischen Gabe aktiv und im Wort wirksam.

Ein Wort der Vorsicht noch. Es ist sehr schwierig, eine Prophetie zu prüfen, wenn niemand anwesend ist, der sie mit beurteilen kann. Deshalb sollten wir uns in Fragen der Führung nicht auf solche Weissagungen verlassen.

All die Manifestationen der prophetischen Gaben können das Volk Gottes beleben, können die ganze Gemeinde vorwärtsbringen. Jede Art Prophetie trägt mit ihrer eigenen Art, Tiefe und Schönheit ihren Teil zur Verkündigung des Wortes Gottes bei. Nur wenige erfahren alle die angeführten Arten der Prophetie, trotzdem wird jeder, der dazu berufen ist, Gottes Wort zu weissagen, merken, daß die Prophetie ganz verschiedene Formen annehmen kann.

7

Die Beurteilung der Prophetie

In 1. Könige 22 lesen wir von einem Disput zwischen dem Propheten Micha und ungefähr 400 Propheten Israels. Der König von Israel hatte sie alle befragt, ob er gegen die Syrer in den Krieg ziehen solle, um die Grenzstadt Ramoth-Gilead zu erobern. 400 Propheten verhießen dem König Sieg, nur Micha sagte, daß er geschlagen würde. Und dieser eine Prophet, Micha, hatte recht: Israel verlor den Kampf, und der König wurde getötet.

Der Prophet Jeremia hatte eine ähnliche Auseinandersetzung mit einem Propheten namens Hananja (Jeremia 28).

Jeremia hatte geweissagt, daß es hoffnungslos sei, gegen die Babylonier zu kämpfen. Statt dessen sollten sie sich den Babyloniern ergeben. Wenn nicht, würden die Babylonier alles zerstören.

Hananja hingegen prophezeite, daß es den Babyloniern nicht gelingen werde, die Herrschaft über Juda zu erlangen. Bei diesen beiden gegensätzlichen Prophetien schien Hananja der Überlegene zu sein. Aber Jeremia bestand darauf, daß er dieses Wort vom Herrn erhalten hatte und daß Hananja innerhalb eines Jahres sterben werde, weil er falsche Prophetie verkündigt hatte. Jeremia hatte das Wort des Herrn gebracht: Ein paar Monate später starb Hananja, und dann zerstörten die Babylonier Jerusalem!

Bei diesen beiden Geschehnissen stellt sich uns eine Frage von großer Wichtigkeit: „Wie können wir wissen, welches wirklich das Wort des Herrn ist?"

Das ist eine entscheidende Fage. Gottes Volk kann fehlgeleitet und in die Irre geführt werden, wenn es nicht die echte von der falschen Prophetie unterscheiden kann. Es ist in der Vergangenheit viele Male vorgekommen, daß Leute behaupteten, ein Wort des Herrn zu haben, die aber ihr Ansehen dazu benutzten, die Wahrheit zu verfälschen. Selbst Jesus wies auf falsche Propheten hin:

„Wenn dann jemand zu euch sagen wird: Siehe, hier ist der Christus! oder da!, so sollt ihr es nicht glauben. Denn es werden viele falsche Christusse und falsche Propheten aufstehen und große Zeichen und Wunder tun, so daß sie, wenn es möglich wäre, auch die Auserwählten verführten" (Matthäus 24,23-24).

„Seht euch vor vor den falschen Propheten, die in Schafskleidern zu euch kommen, inwendig aber sind sie reißende Wölfe" (Matthäus 7,15).

Viele Christen möchten nichts mit Prophetie zu tun haben, weil sie Angst vor falschen Propheten haben. Aber das ist ein ernster Fehler. Das Volk Gottes soll seines Herrn Stimme in der Prophetie hören können. Paulus ermahnte die Thessalonicher: *„Den Geist dämpft nicht. Prophetische Rede verachtet nicht. Prüft aber alles, und das Gute behaltet"* (1. Thessalonicher 5,19-21).

In anderen Worten: Wir sollten Prophetie nicht ablehnen bzw. verhindern. Wir sollten aber die Weissagungen prüfen und nur das behalten, was gut ist. Wir brauchen nicht mit äußerster Vorsicht und großer Angst der Prophetie gegenüberzustehen, sondern sollen ihr mit Glauben und Weisheit begegnen.

Vor allem mit Glauben. Wenn wir gar nicht erst erwarten, daß Gott zu uns spricht, werden wir ihn schwerlich hören. Wenn wir kein Verlangen haben, Gottes Wort durch Prophetie zu vernehmen und zu glauben, daß Er es uns geben wird, wird es kaum kommen. Wir müssen eine Atmosphäre des Glaubens schaffen, wenn wir all das empfangen wollen, was Gott uns geben will. In einer galiläischen Stadt konnte Jesus nicht viele Wunderwerke vollbringen, weil es dort an Glauben mangelte

(Markus 6,1-6). Gott wirkt, wenn wir Ihm Glauben schenken, wenn wir Vertrauen haben, daß Er spricht.

Vor einigen Jahren schien es mir einmal, als ob ich völlig unfähig wäre, prophetisch zu reden. Ich betete und suchte Gottes Wort, aber es nützte nichts. Einigen in unserer Gemeinschaft ging es ähnlich. Prophetie verschwand beinahe völlig. Dann merkten wir, daß viele der Versammelten gar nicht mehr erwarteten, daß der Herr durch Prophetie zu uns reden würde. Der „Glaubenspegel" war offensichtlich gesunken. Als wir begannen, wieder Glauben aufzubauen, erschien auch die prophetische Gabe wieder. Wenn unsere Herzen mit erwartungsvollem Glauben gefüllt sind, wird das Wort des Herrn zu uns in Fülle kommen.

Wenn wir den prophetischen Gaben freien Wirkungsraum gegeben haben, müssen wir Weisheit entwickeln, das Echte vom Falschen und das Reine vom Vermischten zu unterscheiden.

Das Gute und das Schlechte

Falsche Prophetie ist nicht die einzige Art schlechter Prophetie. Bei falscher Prophetie meine ich Prophetie, die nicht vom Geist Gottes kommt. Jesus warnte vor falschen Propheten, die sogar Wunder tun würden. Falsche Propheten können ungewöhnliche Kräfte haben, aber deren Quelle ist nicht Gott.

Eine Anzahl von Menschen, die heute behaupten, Propheten zu sein, beweisen geistliche Kraft — stellen Zukunftsprognosen, wirken Wunder und verschiedene „psychische Phänomene". Und doch wäre es ein ernster, ja fataler Fehler, sich von ihnen führen zu lassen und ihren Weisungen zu folgen. Wir sollten uns immer fragen: „Ist das vom Herrn? Stammt es vom Heiligen Geist und verherrlicht es Gott?"

Prophetie kann schlecht sein, ohne daß sie falsch ist. Manchmal sprechen Leute in prophetischer Manier, obwohl sie in Wirklichkeit nur ihre eigenen Gedanken verbreiten. In anderen Fällen sprechen die Personen ein echtes prophetisches Wort aus, vermischen es aber mit ihren eigenen Ideen, die gar nicht zu dieser Botschaft gehören. Solche Probleme verhindern, daß wir Gottes Wort in seiner ganzen Kraft und Klarheit zu hören bekommen, obwohl diese Personen keine falschen Propheten im vorher beschriebenen Sinn sind. Einmal abgesehen von der falschen Prophetie, können wir die schlechte Prophetie in drei Arten unterteilen:

Vermischte Prophetie

Es kommt vor, daß Personen, die prophetisch reden, ihre eigenen Gedanken in solch einer Weise mit dem Wort des Herrn verbinden, daß Gottes Wort verändert und entstellt wird. Dies geschieht besonders häufig, wenn ein Christ noch ein Anfänger im Gebrauch der prophetischen Gabe ist. In einem gewissen Sinn erscheint immer etwas von unseren eigenen Gedanken in den Prophetien, denn Prophetie wird durch uns ausgedrückt, hat mehr oder weniger starke menschliche Ausdrucksformen. Wenn wir aber unsere Gedanken dem Wort des Herrn zufügen oder etwas davon wegnehmen oder die Bedeutung verändern, wird der Wert der Prophetie sehr beeinträchtigt. Deshalb kann man sich auf solche gemischte Prophetie nicht als auf das Wort des Herrn verlassen.

Schwache Prophetie

Manche Prophetie kommt bei den Hörern an wie ein Ferngespräch bei einer miserablen Verbindung. Die Kraft, die die Botschaft Gottes begleiten sollte, ist einfach nicht da. Schwache Prophetie ist nicht gefährlich, denn sie führt niemanden irre. Aber sie ist auch nicht von großer Hilfe. Die Kraft des Heiligen Geistes, die im prophetischen Wort wirkt, ist wichtig. Ohne sie ist Prophetie wie altes Saatgut. Die Körner sehen zwar noch gut aus, aber es ist kein Leben mehr in ihnen.

Saloppe Sprache lenkt vom Wort Gottes ab. Ich meine damit unvollständige Sätze, Unterbrechungen, zu starkes Einfließen von Slangausdrücken, überschwengliche oder schlampige Aussprache usw. Wir müssen nicht sehr redegewandt sein, um gut zu prophezeien — ein Kind oder ein Mensch mit wenig Bildung kann trotzdem mit Klarheit und Würde prophezeien —, aber wir sollten auch nicht schludrig-nachlässig sein.

Jemand, der zu einem Vorstellungsgespräch in der Personalabteilung eines Betriebes erscheint, wird sorgfältig darauf achten, Slangworte, falsche Grammatik usw. zu vermeiden. Dieselbe Sorgfalt sollten wir für Gottes Wort aufwenden. Unordentliche Prophetie kann nicht als gute Prophetie bezeichnet werden.

Prophetie und Unterordnung

Kein Prophet ist sein eigener Vollmachtgeber. Prophetie muß sich der Beurteilung der Gemeinde unterwerfen. Das ist ein grundlegendes Prinzip bei der Ausübung der prophetischen Gabe. Vor Propheten, die kein Urteil über ihre Worte akzpetieren, ist zu warnen.

Jeder von uns, ohne Ausnahme, kann sich irren. Unsere eigenen Gedanken, unser Ehrgeiz, die Schmeichelei anderer, die Lügen Satans — das alles kann uns täuschen.

Die Beurteilung durch die Gemeinde ist ein Sieb, das uns vor Täuschungen bewahrt. Es gibt zwar Gruppen und Gemeinschaften, die in Irrtümer geführt wurden, aber einer Gemeinde, die gut nach biblischem Muster funktioniert, kann man Vertrauen schenken. Obwohl auch die Beurteilung einer gesunden Gemeinde nicht unfehlbar ist, ist sie doch ziemlich verläßlich.

Jeder Prophet untersteht der gemeindlichen Autorität. Das bedeutet in der Praxis, daß jeder Prophet der Gemeinde, zu der er gehört, zugestehen muß, daß seine Prophetie abgewogen und beurteilt wird. Jede Gemeinde hat also die Verantwortung, Prophetie zu prüfen und zu entscheiden, ob sie als Gottes Wort angenommen werden kann.

Ich kenne einen Mann, der vor acht Jahren zu prophezeien begann. Zunächst war nichts Falsches bei seinen Weissagungen zu erkennen, aber er lehnte es ab, Korrektur und Urteile anderer zu akzeptieren. Er glaubte, daß er besser als andere urteilen könne. Mit der Zeit wurden aber seine Prophetien immer problematischer, bis er schließlich Weissagungen brachte, die tatsächlich falsch waren. Es endete damit, daß er zum Schluß weissagte, daß sein Sohn der Messias sei.

Dieser Mann war nicht „verrückt", als er zu weissagen begann, er war ein guter Christ. Aber er ließ es zu, daß er einer schwerwiegenden Irreführung anheimfiel.

Das prophetische Wort hat sich der Beurteilung der Gemeinde zu unterziehen. Genauso wie der Prophet die Verantwortung hat, sich und sein Wort der Gemeinde zu unterstellen, so hat die Gemeinde die Verantwortung, das prophetische Wort zu prüfen. Der Prophet sollte aus der Gemeinde heraus Anleitung, Ermutigung und Korrektur erhalten. Wenn das nicht geschieht, wird die Gemeinde die Früchte ihrer Nachlässigkeit ernten. Die Prophetie wird entweder schwächer oder unreiner oder verschwindet ganz, wenn die Gemeinde nicht diese Gabe hütet und über sie wacht.

In den meisten Fällen sollten es nicht einzelne Gemeindeglieder auf sich nehmen, Anleitung oder Korrektur zu geben. Vielmehr sollten sie ihre Beurteilung den Leitern der Gemeinde kundtun, und die Leiter sollten die Verantwortung übernehmen, diese Angaben zu verwerten, um dann gegebenenfalls auf den Propheten zuzugehen und mit ihm zu sprechen.

Das prophetische Wort ist der Gemeinde untergeordnet, damit die Glieder der Gemeinde durch echte Prophetie Weisung bekommen und nicht durch vermischte oder falsche Prophetie fehlgeleitet werden. Es ist des Propheten Sache, das Wort zu empfangen und zu verkündigen. Und es ist Sache der Gemeinde zu prüfen, ob es Gottes Wort darstellt.

Auch erfahrene und verläßliche Propheten können noch im Ausüben der Gabe wachsen. Keiner sollte davon ausgehen, daß er bereits volle Reife in der Gabe hätte: Es gibt immer noch Platz für Verbesserungen im Dienst des Herrn! Es ist wichtig, daß ein Prophet, der geprüft wurde und sich als vertrauenswürdig erwiesen hat, zuversichtlich seine Gabe einsetzt. Aber er muß sich dessen bewußt sein, daß seine Zuversicht mit dem Vertrauen der Gemeinde wächst.

Gegenseitige Liebe

Eine Beziehung brüderlicher Liebe und Unterstützung zwischen denen, die prophetische Gaben betätigen, und den anderen Gemeindegliedern ist der Schlüssel dafür, daß Prophetie gut funktioniert. Eine Person, die sich davor fürchten muß, barsch angefahren und hart kritisiert zu werden, wenn ihr ein Fehler unterläuft, wird es schwierig finden, überhaupt zu prophezeien. Diejenigen, die vermischte oder schwache oder unordentliche Weissagungen bringen, sollten in Liebe korrigiert werden, d. h. es muß in einer Weise geschehen, die den anderen nicht verdammt, sondern ermutigt.

Jemand könnte einen Propheten tadeln, indem er ihn anfährt: „Das war ja wohl das Letzte. Und das soll gute Weissagung sein? Daß ich nicht lache! Das war großer Murks. Da fehlt es ja hinten und vorn!"

Erstens stößt man den Propheten mit solchen Äußerungen vor den Kopf, und zweitens weiß er damit immer noch nicht, wie er sich verbessern kann. Ein hilfreicher Hinweis mag vielleicht so aussehen: „Ich freue mich, daß du dem Herrn und der Gemeinde durch die Gabe der Prophetie dienen kannst. Gestattest du, daß ich dir noch einen Hinweis gebe: Die Weissagung, die du heute gabst, war etwas schwer zu verstehen, weil du so schnell sprachst. Versuch doch in Zukunft ein wenig langsamer zu reden. Du wirst sehen, dann klappt es noch besser, und die Gemeinde hat großen Gewinn!" Solch eine Korrrektur ist nicht nur klar und hilfreich, sondern mit ihr wird auch Ermutigung und Unterstützung verbunden.

Umgekehrt müssen diejenigen, die prophetisch reden, das Ausüben der Gabe wirklich als Dienst an der Gemeinde verstehen. Sie sollten aus der Liebe für Brüder und Schwestern heraus reden und nicht aus dem Wunsch heraus, Beachtung und Ehre zu erlangen. Ob eine Person aufrichtig aus der Liebe heraus handelt, kann man oft daran erkennen, wie sie auf Korrektur eingeht. Diejenigen, die prophezeien, um zu dienen, werden Korrektur akzeptieren, ja sogar wünschen, denn Korrektur hilft ihnen, in Zukunft noch besser zu dienen. Aber nicht selten sind die Leute dann verletzt, gekränkt, verärgert, weil sie mehr für sich selbst prophezeien als für andere — nämlich zu ihrem eigenen Gefallen und Ruhm.

Die Prüfung der Prophetie

Gott will uns genügend Weisheit zur Prüfung der Prophetie geben. Auf vier Beurteilungsgebiete will ich im Nachfolgenden eingehen:

Der Wandel des Propheten

„Denn es gibt keinen guten Baum, der faule Frucht trägt, und keinen faulen Baum, der gute Frucht trägt. Denn jeder Baum wird an seiner eigenen Frucht erkannt. Man pflückt ja nicht Feigen von den Dornen, auch liest man nicht Trauben von den Hecken" (Lukas 6,43-44).

Das erste wesentliche Prüfungsgebiet stellt der Wandel des Propheten dar. Wenn er ein gottesfürchtiges Leben führt und die Frucht des Heiligen Geistes zu sehen ist, kann man ihm vertrauen. Wenn er keinen christlichen Wandel zeigt oder sein Leben unreif und unbeständig ist, sollte man ihm nicht vertrauen.

Jesu Prinzip, daß ein Baum an seiner Frucht zu erkennen ist, gilt auch auf diesem Gebiet des Christenlebens. In der Aufzählung der Voraussetzungen, die bei einem Ältesten oder Aufseher der Gemeinde gegeben sein müssen, ist nur eine „geistliche Gabe" erwähnt (1. Timotheus 3,1-7; Titus 1,5-9). Was zählt, sind also nicht geistliche Erfahrungen oder außerordentliche Gaben, sondern die Weise, wie die Person ihr Leben führt.

Die Gaben des Heiligen Geistes sind keine Orden, die jenen verliehen werden, die die besten Tugenden aufweisen, sondern stellen eine Ausrüstung zum Dienst für Gott dar. Menschen sind nicht besonders heilig, weil sie geistliche Gaben empfangen haben, noch setzen sie geistliche Gaben ein, weil sie besonders heilig sind. Oft erleben wir, wie Christen, die noch sehr jung im Glaubensleben sind, Gaben für den Dienst bekommen, die ihre älteren und reiferen Geschwister nicht haben.

Aber es gibt einen Zusammenhang zwischen dem heiligen Wandel, den eine Person führt, und der Ausübung der Gaben, die sie betätigt. Je stabiler und reifer eine Person ist, desto mehr kann man davon ausgehen, daß sie die Gaben des Geistes in Reinheit und Kraft betätigt.

Unbekannte Propheten sollte man meiden. Viele können kommen und geistlich klingende Botschaften verkünden, während ihr Leben kein gutes Beispiel abgibt. Wir sollten uns vergewissern, daß diejenigen, die uns Gottes Wort durch Prophetie bringen, ein entsprechendes Leben führen. Das bedeutet aber nicht, daß wir nicht ein prophetisches Wort anhören und akzeptieren können, das von einem unreifen Christen gebracht wird. Eine der gewaltigsten Prophetien, die ich hörte, kam von einem Mann, der noch jung im Glauben war. Jedoch sollten wir sorgfältig die Worte prüfen, die solche Personen aussprechen.

Angenommen, du suchst eine Baufirma, die dir ein Eigenheim baut. Es ist ganz natürlich, daß du bestrebt bist, einen Unternehmer zu finden, der in dem Ruf steht, ehrlich zu sein und gute Arbeit zu leisten. Jemand, der schon 30 Jahre das Geschäft gut führt und der als verläßlicher Unternehmer bekannt ist, wird wahrscheinlich gute Chancen haben, deinen Auftrag zu bekommen.

Du könntest natürlich jemand nehmen, der gerade seine Firma gegründet hat. Er mag sogar bessere Arbeit leisten als der bekannte Unternehmer. Aber wenn du diesem neuen Unternehmer den Auftrag erteilst, wirst du zweifelsohne ein gutes Auge auf seine Arbeit werfen. Das ist ganz verständlich.

Und du würdest wahrscheinlich keinem Mann den Zuschlag geben, der in dem Ruf steht, Pfuscharbeit zu leisten. Warum sollte man auch den Auftrag an einen Mann geben, von dem keine gute Arbeit zu erwarten ist?

Diese Überlegungen des gesunden Menschenverstandes sollten wir auch auf die geistlichen Gaben anwenden, auf Prophet und Prophetie. Wie leicht kann man von einer Person beeindruckt werden, die schöngeistig reden kann. Aber das Prüfungskriterium, ob jemand wahrhaft geistlich ist oder nicht, kann nicht schöne Rede, Lautstärke oder Cleverness sein, sondern die Art seines Wandels als Christ.

Prüfung der Botschaft

Das zweite Prüfungsgebiet ist der Inhalt der Botschaft. Ist er in Übereinstimmung mit der christlichen Lehre? Paulus erklärt den Galatern, daß er selbst oder sogar ein Engel, sollte er ein anderes Evangelium bringen (als das, was er gepredigt hatte), verflucht sein soll (Galater 1,8-9). Was der Lehre der Bibel widerspricht, kann nicht als echte Prophetie akzeptiert werden.

Die Richtschnur ist die Bibel. Nach diesem Maßstab muß alles andere gemessen werden. Alles, was der Schrift entgegen ist, ist falsch. Wenn jemand weissagen würde, daß Jesus nicht von den Toten auferstanden ist, würden wir sofort wissen, daß diese Prophetie falsch und abzulehnen ist. Paulus sagt, wenn Christus nicht von den Toten auferstanden ist, sind Predigt und Glaube vergeblich (1. Korinther 15,13-19).

Wir müssen also darauf achten, ob in der Prophetie etwas dem biblischen Zeugnis entgegensteht. Wir werden wahrscheinlich nicht viele Prophetien hören, die klar gegen die grundlegenden christlichen Wahrheiten verstoßen. (Ich habe vielleicht zwei oder drei in den letzten Jahren erlebt.) Es gibt aber prophetische Botschaften, die nicht der Schrift widersprechen und hinter die man trotzdem ein Fragezeichen setzen möchte.

Vor etwa fünf Jahren hatte jemand in einer unserer Versammlungen eine Prophetie, bei der die meisten der Anwesenden nicht ganz mitgehen konnten. Die Botschaft war nicht offensichtlich falsch, aber sie war auch nicht richtig. Sie klang sehr wichtig, aber auch geheimnisvoll. Ich meine, daß die Prophetie in diesem Fall nicht so sehr ein Wort des Herrn war, als vielmehr das Produkt der Einbildung des Mannes, der sie gab. Manche Menschen werden von geistlichen Dingen ganz fasziniert, und in diesem Falle war „geistlich“ mit „unrealistisch“

gleichzusetzen. Der Mann, der diese Prophetie gab, hatte schon verschiedene Male geweissagt, und immer in derselben Art. Die Weissagungen hatten jedoch keinen erkennbaren Zusammenhang mit dem realen Leben.

Meistens sollten wir fähig sein, die Prophetie, die gegeben wurde, zu verstehen. Hin und wieder mag es vorkommen, daß der Herr durch Prophetie spricht, ohne daß wir die Botschaft gleich verstehen. Wenn dies geschieht, sollten wir einfach das behalten, was Gott sprach, und darauf vertrauen, daß es zu gegebener Zeit geklärt wird.

Wenn aber jemand regelmäßig Prophetien von sich gibt, die schwer oder kaum zu verstehen sind, ist das möglicherweise ein Anzeichen dafür, daß er mehr Probleme als Gabe hat.

Prüfung der Geister

Um herauszubekommen, ob etwas echtes prophetisches Wort ist oder nicht, müssen wir den Geist der Prophetie prüfen. Die Prüfung der Botschaft kann uns normalerweise noch nicht sagen, ob die Botschaft wirklich von Gott ist, sondern nur, daß sie definitiv nicht von Gott ist (wenn sie nicht mit der Schrift übereinstimmt). Das ist alles. Sie kann sagen, daß die Botschaft wahr ist, aber sie kann nicht sagen, ob sie echte Prophetie war.

Wenn ich von Prüfung der Geister spreche, meine ich die Prüfung, welcher Geist hinter der prophetischen Äußerung steht. Echte Prophetie kommt vom Heiligen Geist, und wir können empfinden, ob sie vom Heiligen Geist inspiriert ist oder nicht. Ein Christ, der in enger Verbindung mit dem Herrn lebt, kann die Stimme seines Herrn erkennen.

„Der aber zur Tür hineingeht, der ist der Hirte der Schafe. Dem macht der Türhüter auf, und die Schafe hören seine Stimme; und er ruft seine Schafe mit Namen und führt sie hinaus. Und wenn er alle seine Schafe hinausgelassen hat, geht er vor ihnen her, und die Schafe folgen ihm nach; denn sie kennen seine Stimme. Einem Fremden aber folgen sie nicht nach, sondern fliehen vor ihm; denn sie kennen die Stimme der Fremden nicht“ (Johannes 10,2-5).

Wir können die Stimme des Herrn erkennen. Jeder von uns hat denselben Heiligen Geist empfangen, der in der Prophetie spricht. Wenn eine echte Prophetie verkündigt wird, finden wir ein entsprechendes Echo in unserem Geist. Wir spüren, daß der Herr geredet hat. Wenn wir eine andere Stimme vernehmen, merken wir, daß es die Stimme eines Fremden ist.

Es gibt ein einfaches physikalisches Gesetz, das mit der Resonanz zu tun hat. Gegenstände haben eine bestimmte charakteristische Frequenz, mit der sie vibrieren. Wenn wir einen Gegenstand (z. B. eine Glocke) neben einem anderen Gegenstand mit der gleichen charakteristischen Frequenz (eine andere Glocke gleicher Größe, gleichen Gewichts, gleicher Form) zum Vibrieren bringen, wird der zweite Gegenstand von selbst zu vibrieren anfangen. Etwas ähnliches geschieht, wenn wir die Stimme des Herrn hören: es ist ein inneres Mitschwingen da.

Die erste Prüfung, ob eine Äußerung vom Heiligen Geist kommt oder nicht, bezieht sich also auf den Widerhall in unserem Geist. Wenn wir in unserem Herzen die friedvolle Gewißheit verspüren, daß es sich hier um den gleichen Geist handelt, der uns Leben im Herrn gab, können wir darauf vertrauen, daß die Prophetie vom Herrn ist. Wenn aber der geistliche Charakter der Prophetie uns stört oder abstößt, sollten wir kein Vertrauen in sie setzen.

Es gibt jedoch eine wichtige Einschränkung zu diesem Prinzip. Oft fühlen wir keinen geistlichen Widerhall in uns — weder positiv noch negativ. Das ist nicht absonderlich. Das muß nicht notwendigerweise bedeuten, daß mit der Prophetie etwas falsch ist, noch muß es ein Anzeichen dafür sein, daß etwas bei dir, dem Zuhörer, nicht in Ordnung ist. Die Prophetie ist vielleicht für andere bestimmt, und die verspüren das geistliche Echo in ihren Herzen. Dieses Echo, obwohl nicht definitiv in sich selbst, kann uns bei der Entscheidung helfen, ob die Prophetie vom Herrn ist oder nicht.

Bei der zweiten Prüfung hinsichtlich des Geistes der Prophetie geht es um die geistliche Tonart und die Wirkung. Prophetie, die Angst verbreitet oder verdammt, kommt selten vom Heiligen Geist. Der Herr gebraucht zwar oft Prophetie, um uns zu korrigieren und zur Buße zu rufen. Manchmal wird Er sogar auf bestimmte Gebiete unseres Lebens weisen, die nicht in Ordnung sind. Aber wenn Gott zu uns spricht, verdammt Er nicht, sondern ruft uns auf, zu Ihm zurückzukehren, damit Er uns vergeben und ändern kann.

Manchmal meint jemand, daß seine persönliche Kritik an der Gemeinde oder an einer Person mehr Gewicht hat, wenn sie „prophetisch" gegeben wird. Wir hören dann eine Prophetie, bei der der Herr scheinbar genau mit der prophetisch redenden Person übereinstimmt. Ich weiß von einer Gruppe, die Schwierigkeiten hatte, weil einer von ihnen Weissagungen brachte, die die Leiter der Gruppe kritisierten, ja herabsetzten. Kein Wunder, denn die weissagende Person hegte gegenüber den leitenden Brüdern Groll und Bitterkeit.

Der Herr spricht zu uns als liebender Vater: Manchmal wohlwollend, dann aber auch warnend und schließlich auch streng und fest. Aber immer spricht Er aus Liebe. Er korrigiert und züchtigt uns, aber Er begleitet diese Korrektur mit der Versicherung Seiner Liebe und Ermutigung zur Veränderung.

Bei der Prüfung des Geistes muß noch etwas berücksichtigt werden. Manchmal geschieht es, daß einer Person eine bestimmte Prophetie eigentlich nicht wegen des geistlichen Charakters der Botschaft mißfällt, sondern wegen persönlicher Gedanken und Probleme, die angesprochen wurden. Ein Beispiel: David hätte Nathans prophetische Beschreibung seiner Sünde extrem aufrührerisch finden können (2. Samuel 12).

Wäre David unwillig zur Buße gewesen, hätte ihn diese Prophetie geärgert und abgestoßen, anstatt ihn zur Buße zu führen. Das Problem hätte dann nicht am Geist der Prophetie Nathans gelegen, sondern an Davids Unbußfertigkeit.

Wegen der Schwachheiten, die wir alle aufgrund unserer Menschlichkeit kennen, sollten wir uns nicht nur auf unser eigenes Urteil stützen, sondern auch auf das Urteil anderer achten. Die Tatsache, daß wir durch eine bestimmte Prophetie ein Hochgefühl empfinden oder uns abgestoßen fühlen, ist nur ein Zeichen, das wir zusammen mit den anderen Kriterien beachten müssen.

Bei der dritten Prüfung des Geistes geht es darum, ob die Prophetie Jesus verherrlicht oder nicht. Manchmal ist das schwer zu sagen, aber wenn wir über eine bestimmte Zeitspanne hinweg nicht merken können, daß sie zur Verehrung und Anbetung des Herrn führt, ist etwas falsch.

Schließlich gibt es Gläubige, denen die besondere Gabe der Unterscheidung der Geister gegeben ist (1. Korinther 12,10). Diejenigen, die eine solche Gabe erhalten haben, können mit großer Klarheit erkennen, ob der Geist des Herrn oder ein anderer Geist am Wirken war.

Trifft es ein?

Im 5. Buch Mose finden wir die Weisung, einen Propheten als falschen Propheten zu meiden, wenn er etwas prophezeite, das dann nicht eintraf:

„*Wenn du aber in deinem Herzen sagen würdest: Wie kann ich merken, welches Wort der Herr nicht geredet hat: Wenn der Prophet im Namen des Herrn redet und es wird nichts daraus und es tritt nicht ein, dann ist das ein Wort, das der Herr nicht geredet hat. Der Prophet hat es aus Vermessenheit geredet*" (5. Mose 18,21.22).

In anderen Worten: Wenn eine Prophetie aussagt, daß ein bestimmtes Ereignis eintreten wird, und es geschieht dann nicht, war es nicht das Wort des Herrn. Diese Regel braucht aber zwei Ergänzungen: Die erste finden wir ebenfalls im 5. Buch Mose:

„*Wenn ein Prophet oder Träumer unter euch aufsteht und dir ein Zeichen oder Wunder ankündigt, und das Zeichen oder Wunder trifft ein, von dem er dir gesagt hat, und er spricht: Laß uns anderen Göttern folgen, die ihr nicht kennt, und ihnen dienen, so sollst du den Worten eines solchen Propheten oder Träumers nicht gehorchen; denn der Herr, euer Gott, versucht euch, um zu erfahren, ob ihr Ihn von ganzem Herzen und von ganzer Seele liebhabt*" (5. Mose 13,24).

Auch falsche Propheten können aufstehen und Prognosen stellen, die sich bewahrheiten. So kann es also sein, daß ein Prophet, der etwas vorhersagt, das dann eintritt, doch kein echter Prophet ist.

Die zweite Ergänzung ist, daß der Herr manchmal in vorhersagender Weise spricht, aber ein „wenn“ damit verbunden ist. Die Prophetie mag so lauten: „Wenn ihr mir Treue bewahrt, wird das und das geschehen“, oder „Wenn ihr Buße tut, will ich euch segnen“. Etwas, das in der Prophetie gesagt wurde, mag deshalb nicht eintreffen, weil man nicht auf die Bedingungen des Herrn, die in der Weissagung zum Ausdruck kamen, eingegangen ist.

Trotzdem ist dieses Kriterium wichtig. Wenn eine prophetische Botschaft gegeben wird, die ein zukünftiges Ereignis voraussagt, sollten wir darüber wachen, ob sich das Wort bewahrheitet. Wenn das Vorausgesagte eintritt, wird unser Vertrauen in das prophetische Wort gekräftigt. Wenn das Wort jedoch nicht wahr wurde, müssen wir davon ausgehen, daß dieses Wort nicht vom Herrn war.

Bringt es Frucht?

Ein echtes Wort des Herrn wird gute Frucht bringen — gute Auswirkungen haben — unter denen, die es hören. Die meisten Weissagungen, die uns gegeben werden, werden keine Voraussagen sein, aber sie alle haben Auswirkungen. Am Resultat, das die prophetische Rede erzielt, können wir ihren Wert beurteilen. Ein Wort des Herrn belebt, bringt Friede, Hoffnung, Liebe und die anderen Arten der Frucht des Geistes. Ein Wort, das nicht vom Herrn kommt, wird entweder böse Frucht bringen — Streit, Zorn, Neid, böse Lust und dergleichen — oder gar keine Wirkung zeigen.

Wir werden wahrscheinlich nicht in der Lage sein, die Frucht jeder prophetischen Botschaft zu sehen und zu beurteilen, aber wir können zumindest den Gesamteindruck abschätzen.

Vor zwei, drei Jahren begann man in unseren Versammlungen während der Anbetungszeit prophetische Lieder zu singen. Dies war für uns etwas ungewohnt, so daß sich einige fragten, ob sie wirklich inspiriert waren. Die Auswirkungen zu beurteilen, die diese Lieder hatten, war nicht sofort möglich. Aber nach einigen Wochen merkten wir, daß dann, wenn jemand prophetisch sang, ein Geist der Anbetung auf die Versammlung kam. Mit der Zeit war eine Vertiefung und Verbesserung der Art, wie wir zusammen beteten, festzustellen. Wir konnten dann sehen, daß diese prophetischen Lieder Frucht trugen, die vom Heiligen Geist gewirkt war.

Noch einmal: Die Einstellung derer, die die Prophetie hören, hat Einfluß darauf, welche Frucht erzielt wird. Jeremias Prophetien bewirkten Streit, Zorn und Gewalttätigkeit, aber das kam daher, weil diejenigen, die es hörten, nicht bereit waren, Gottes Wort anzunehmen. Das fortwährende und aus reinem Herzen kommende Verlangen, dem Herrn zu folgen, Sein Wort zu hören, es anzunehmen und darauf einzugehen, kann durch nichts anderes ersetzt werden. Bei einer Gemeinschaft, die in keiner guten geistlichen Verfassung ist, werden alle Prüfungen der Prophetie schließlich doch nicht ausreichen.

Zunehmende Beurteilungsfähigkeit

Die Richtlinien zur Beurteilung der Prophetie, die wir soeben besprochen haben, sind keine Regeln, mit denen man, wenn man sie nur sorgfältig genug anwendet, automatisch die Antwort des Herrn erhalten kann. Sie sind nur Leitlinien, die uns bei der Beurteilung, die wir zu treffen haben, helfen können. Wenn wir zwei oder drei dieser Kriterien zusammen sehen, können wir zumindest so weit kommen, daß wir die Botschaft definitiv als nicht vom Herrn kommend beurteilen können, selbst wenn wir nicht mit Sicherheit sagen können, ob sie vom Herrn ist.

Unsere Beurteilungsfähigkeit wird größer, reifer und geht tiefer, wenn unser Leben im Geist wächst und wenn wir schon einige Zeit Erfahrungen bei der Prüfung der Prophetie machen konnten.

Wir könnten es mit dem Kunstbeurteilungsvermögen vergleichen. Ein Kunstsachverständiger kann erklären, daß ein bestimmtes Gemälde aus dem und dem Grund gut ist und ein anderes Gemälde zwar auch gut, aber nicht ganz so gut, weil eine bestimmte Struktur nicht vorhanden ist usw. Wenn er die

Gemälde beurteilt, sitzt er nicht vor einer Prüfliste und hakt eines nach dem anderen ab, sondern die Beurteilungskriterien sind ihm innerlich immer gegenwärtig, sobald er sich ein Gemälde anschaut. Er muß nicht ständig die Regeln vor sich haben, weil sie Teil der Art, wie er die Dinge sieht, geworden sind.

Nehmen wir mal an, du bittest einen Kunstsachverständigen, dir ein gutes Kunstbeurteilungsvermögen beizubringen. Er würde wahrscheinlich beginnen, dir eine Anzahl von Richtlinien zu geben, die du bei der Entscheidung, ob etwas wertvoll ist oder nicht, anwenden mußt. Wenn du nun als Neuling darangehen willst, ein Gemälde zu beurteilen, mußt du die ganzen Regeln, die er dir gegeben hat, Stück für Stück durchgehen. Wenn du alles durchgegangen bist, hast du wahrscheinlich selbst nicht viel Vertrauen in dein Urteil.

Wenn der Experte mit deiner Beurteilung nicht einverstanden ist, wirst du nicht mit ihm herumargumentieren, obwohl du der Überzeugung bist, daß du alle Regeln bei deiner Meinungsbildung berücksichtigt hast. Und das deshalb, weil die Regeln selbst nicht sagen können, was gut und schlecht ist. Sie sind nur Richtlinien, die dir bei der Entscheidung helfen.

Wenn du längere Zeit mit diesen Richtlinien gearbeitet und inzwischen viele Gemälde gesehen hast, gewinnst du mehr und mehr Vertrauen in deine Fähigkeit, Kunst selbst beurteilen zu können. Und wenn du so weit gekommen bist, wirst du die Richtlinien nicht mehr in der bisherigen Weise gebrauchen. Sie wurden inzwischen Teil deiner Kunstbetrachtung und sind nicht mehr etwas, bei dem du dir bewußt Mühe gibst, sie anzuwenden.

Beim zunehmenden Beurteilungsvermögen der Prophetie ist es ähnlich. Zuerst bemühen wir uns, sorgfältig die verschiedenen Regeln anzuwenden. Aber selbst wenn wir sie angewandt haben, sind wir vielleicht doch nicht ganz sicher, ob unsere Beurteilung richtig ist. Wenn wir aber mehr Erfahrung gesammelt haben, nehmen die Richtlinien einen anderen Platz ein, und unser Urteil wird sicherer.

Ständig, aber besonders wenn wir noch unerfahren sind, sollten wir auch das Urteil anderer einholen. Wenn du eine prophetische Botschaft hörst und weißt nicht, was du davon halten sollst, dann wende dich an eine Person, der du vertraust und deren Beurteilung für dich Gewicht hat. Höre dir an, was sie darüber zu sagen hat. Es ist gut, die Beurteilung anderer zu kennen, aber dann doch selbst die Entscheidung zu treffen.

Mit der Zeit wirst du auch Vertrauen in dein eigenes Beurteilungsvermögen gewinnen. Du bist dann sicher: Wenn Jeremia und Hanania ihren Prophetenstreit vor dir ausgetragen hätten, hättest du erkannt, wer hier wahrhaft in Gottes Auftrag sprach und wer nicht.

8

Wachstum im prophetischen Dienst

Die meisten Christen wären bestürzt oder erschrocken, wenn man ihnen sagen würde, sie sollten geistlichen Ehrgeiz entwickeln. Vielen scheint der Wunsch, prophetisch zu reden, Wunder zu wirken oder auch nur eine Gebetsversammlung zu leiten, unvereinbar zu sein mit der Demut, die man von einem Christen erwartet.

Und tatsächlich: Der Wunsch, Geistesgaben zu besitzen, kann mit unchristlichem Ehrgeiz nach persönlichem Ansehen und gehobener Stellung gepaart sein. Dennoch kann man nicht sagen, daß jedes geistliche Streben falsch ist. Denn es gibt auch die richtige Einstellung, wenn man die Wirkungen des Heiligen Geistes nicht aus selbstsüchtigen Motiven heraus sucht, sondern aufgrund der Liebe für die Mitchristen.

Als Paulus seinen ersten Brief an die Korinther schrieb, war er besorgt, weil sie offensichtlich die Geistesgaben falsch gebrauchten. Dennoch: Er befahl ihnen nicht, den Gebrauch der Gaben einzustellen. Er dankte dafür, daß sie Gottes Gaben in solcher Fülle erfuhren, und er spornte sie dazu an, weiter diese Gaben des Heiligen Geistes zu betätigen — besonders daß sie prophetisch redeten (1. Korinther 14,1). Aber er wies sie auch darauf hin, daß diese Gaben nichts wert waren, wenn sie nicht in Liebe ausgeübt wurden. Die ganze Behandlung der geistlichen Gaben findet ihren Mittelpunkt in der tiefgründigen Betrachtung der christlichen Liebe (1. Korinther 13).

Wenn Christen einander in von Gott kommender, wahrer Liebe dienen, wird ihr Verlangen, Gaben des Heiligen Geistes zu empfangen, seinen rechtmäßigen Platz haben. Gott gibt Seine Gaben jedem einzelnen Christen, so daß der ganze Leib Christi voll ausgerüstet wird. Jeder von uns sollte das Verlangen haben, den Platz im Leibe Christi einzunehmen, den der Herr ihm bestimmt hat, und wir sollten nach den Gaben und Wirkungen des Geistes, die uns befähigen, diesen Platz einzunehmen, „hungern“, d. h. starkes Verlangen nach ihnen haben.

Die Haltung, die beim Einsatz der geistlichen Gaben zugrunde liegen sollte, kommt im Philipperbrief klar zum Ausdruck:

„Gilt nun bei euch Ermahnung in Christus, gilt Zuspruch der Liebe, gilt Gemeinschaft des Geistes, gilt herzliche Liebe und Barmherzigkeit, so macht meine Freude vollkommen und seid eines Sinnes, habt dieselbe Liebe, seid einmütig und einträchtig. Tut nichts aus Eigennutz oder Ruhmsucht, sondern in Demut achte einer den anderen höher als sich selbst, und ein jeder sehe nicht auf das Seine, sondern auf das, was dem anderen dient. Seid untereinander so gesinnt, wie es der Gemeinschaft mit Christus Jesus entspricht:

Obwohl Er in göttlicher Gestalt war, hielt Er es nicht wie einen Raub fest, Gott gleich zu sein, sondern entäußerte sich selbst und nahm Knechtsgestalt an, wurde den Menschen gleich und durch Seine ganze Erscheinung als Mensch erwiesen. Er erniedrigte sich selbst und wurde gehorsam bis zum Tode, ja zum Tode am Kreuz. Darum hat Gott Ihn auch erhöht und hat Ihm den Namen gegeben, der über alle Namen ist, damit im Namen Jesu sich all derer Knie beugen sollen, die im Himmel und auf Erden und unter der Erde sind, und alle Zungen bekennen sollen, daß Jesus Christus der Herr ist, zur Ehre Gottes, des Vaters“ (Philipper 2,1-11).

Jesus ist unser Vorbild, und nach Ihm sollten wir unser Leben einrichten. Wenn Jesus die Haltung eines Dieners einnahm (das Wort, das hier für Diener steht, kann auch einen Sklaven bezeichnen), sollten wir sie auch einnehmen.

Die Passage aus dem Philipperbrief erwähnt zwei Eigenschaften bzw. Haltungen, die im Gegensatz zu wahrer Dienerschaft stehen. Die erste ist Eigennutz (Egoismus, Selbstsucht). Das griechische Wort, das hier mit Eigennutz übersetzt ist, meint nach einer Position streben. Zur Zeit des Paulus wurde das Wort dafür gebraucht, das Streben nach einem politischen Amt auszudrücken.

Griechen, die keine Christen waren, fanden dieses Wort weder negativ noch beleidigend. Bei Paulus allerdings hat es eine negative Bedeutung, denn einen Platz für sich selbst zu suchen, steht im Gegensatz dazu, sich um die Interessen der anderen zu kümmern.

Das zweite, was Paulus rügt, ist Ruhmsucht (andere Übers.: eitle Ehre, Eitelkeit). Mit eitler Ehre ist die Ehre gemeint, die man vor Menschen erlangen möchte. Wahre Ehre kommt von Gott. Wenn wir Ehre von Menschen suchen, suchen wir nicht die Ehre von Gott, noch dienen wir unseren Brüdern und Schwestern.

Wenn wir nach dem Vorbild leben, das Jesus uns gegeben hat, werden wir nicht für uns selbst und unsere eigenen Interessen leben, sondern für Gott und Gottes Volk und deren Interessen. Wenn wir Jesus ähnlich werden wollen, müssen die eigensüchtigen Bestrebungen verschwinden, und es muß unser Verlangen sein, zu dienen. Wenn es uns ein echtes Anliegen ist, unseren Brüdern und Schwestern zu dienen, und dies uns dazu veranlaßt, uns die Gaben des Heiligen Geistes zu wünschen und uns nach ihnen auszustrecken, so ist das ein heiliges Streben.

Wenn es jedoch das Streben nach eigenem Status und Ansehen — also fromme Geltungssucht — ist, das uns veranlaßt, diese Gaben zu suchen, nehmen wir eine falsche Haltung ein. In dieser Haltung sind wir auch unfähig, den anderen echte Hilfe zu geben.

Je mehr wir mit den Kräften und Wirkungen des Heiligen Geistes gesegnet sind, desto besser kann unser Dienst sein. Jeder, der weissagt, sollte das Verlangen haben, mit noch mehr Tiefe, Fülle und Kraft zu weissagen, um ein noch brauchbarerer Diener zu sein.

Beim Verlangen danach, prophetisch zu reden, müssen wir einen weiteren Unterschied beachten. Alle Christen sollten sich danach sehnen, mit prophetischer Rede zu dienen, wie uns auch

Paulus auffordert: *„Bemüht euch (eifert, strebt danach) um die Gaben des Geistes, am meisten aber um die Gabe der prophetischen Rede“* (1. Korinther 14,1). Prophetie erbaut den Leib Christi und ist deshalb eine nützliche, sinnvolle, hilfreiche und praktische Gabe.

Wenn ein Bruder oder eine Schwester krank ist, sollten wir wünschen, daß Gott sie heilen möge. In ähnlicher Weise sollten wir, wenn die Gemeinde sich vor dem Herrn versammelt, den Wunsch haben, des Herrn Wort zu hören. Unser Wunsch nach Prophetie ist richtig und gut, wenn er darauf zielt, die Bedürfnisse der Gotteskinder zu stillen.

Aber wir sollten nicht danach streben, Prophet zu werden, es sei denn, daß Gott uns dazu berufen hat. Es geht schief, wenn unser eigentlicher Wunsch dahintersteht, etwas unter Gottes Volk darzustellen, Eindruck zu machen: Prophet zu sein, Heiler zu sein usw.

Wenn du jedoch weißt, daß Gott dich zum Propheten bestimmt hat, daß das der Dienstplatz ist, den Er dir am Leibe zugewiesen hat, dann sollte es dein Verlangen sein, Ihm an diesem Platz so völlig wie möglich zu dienen.

In der Praxis bedeutet das, daß wir in dem Maß prophezeien sollen, wie Gott uns befähigt, wobei wir weder empfangene Gaben zurückhalten noch versuchen sollen, das zu erlangen, was uns Gott nicht gegeben hat.

Der Wunsch, so zu prophezeien, daß es Gott und unseren Brüdern und Schwestern dient, hat einige praktische Konsequenzen. Wir werden bald entdecken, wie unsere innere Einstellung wirklich ist: Wenn uns Vorschläge gemacht werden, wie wir uns beim Weissagen verbessern können, wie reagieren wir darauf? Wenn wir aufgebracht oder gekränkt sind und uns nichts sagen lassen wollen, zeigen wir, daß es uns mehr um unsere eigenen Interessen geht als um den Dienst für Gott.

Jeder, dem es ehrlich darum geht, zu dienen, wird für Korrektur oder Verbesserungsvorschläge dankbar sein, denn dadurch kann er lernen, besser zu dienen. Wenn jemand anders in der Gemeinde häufiger und mit größerer Geisteskraft zu prophezeien beginnt, wie reagierst du darauf? Wenn du unglücklich oder neidisch bist, zeigt es sich, daß dein wirklicher Wunsch dahin geht, selbst in Ansehen zu stehen und vor den Leuten gut dazustehen. Jeder, der aufrichtig Gottes Volk dienen möchte, indem er hilft, das Wort Gottes zu bringen, wird sich freuen, wenn das Wort verkündigt wird, egal wer spricht.

Ein Diener nach dem Vorbild Jesu Christi zu werden, ist die Basis, der Anfang, die Mitte und das Ende des prophetischen Dienstes. Wir brauchen die Haltung eines Dieners, um in den prophetischen Dienst hineinzukommen. Wir brauchen sie ebenfalls, um Korrekturen und Ratschläge anzunehmen. Es gibt verschiedene andere Dinge, die zu Verbesserungen bei der Betätigung der Gabe und zu deren Wachstum beitragen, aber die Haltung eines Dieners einzunehmen, ist das Wichtigste und Grundlegendste. Sonst ist alles andere nichts.

„Und wenn ich prophetisch reden könnte und wüßte alle Geheimnisse und alle Erkenntnis und hätte allen Glauben, so daß ich Berge versetzen könnte, und hätte die Liebe nicht, so wäre ich nichts. Die Liebe hört niemals auf, wo doch prophetisches Reden aufhören wird. Denn unser Wissen ist Stückwerk, und unser prophetisches Reden ist Stückwerk. Nun aber bleiben Glaube, Hoffnung, Liebe, diese drei; aber die Liebe ist die größte unter ihnen" (1. Korinther 13,2.8-9.13).

Prophetie und Inspiration

Wir können uns nicht einfach entschließen, von jetzt an häufiger und mit vermehrter Kraft des Geistes zu prophezeien oder mehr Offenbarungen zu empfangen. Die prophetische Gabe hängt völlig von der Inspiration des Heiligen Geistes ab. Deshalb bedeutet Wachstum in der Prophetie zum größten Teil Warten auf den Herrn.

Vielleicht hast du schon zwei Jahre lang regelmäßig prophetisch gedient, aber die Prophetien waren immer verhältnismäßig kurz und von wenig Kraft. Nun ist es dir ein Anliegen, daß du deine Gabe verbesserst, weiterentwickelst. Du würdest der Gemeinde auch gerne einmal mit einem prophetischen Lied dienen, und du möchtest kraftvolle, lebensverändernde Weissagungen bringen. Du möchtest Offenbarungen vom Herrn empfangen, die für einzelne Wegleitung in schwierigen Situationen bedeuten. Aber während du Woche um Woche darauf wartest, daß dies zu geschehen anfängt, bleiben deine Prophetien weiterhin gleich — kurz und wenig kräftig.

Du mußt warten. Du kannst nicht einfach inspirierte Lieder singen, nur weil du es so wünschst. Aber du kannst in einer Weise warten, die es dir erleichtert, mehr vom Herrn zu empfangen. Du kannst mit dem Verlangen warten, daß der Herr mehr durch dich tun möchte. Du kannst dem Herrn im Gebet sagen, daß du bereit bist, Ihm ganz zu dienen, und daß du auch besser prophezeien möchtest. Du kannst dich auf den Herrn ausrichten und Ihn bitten, daß Er dich innerlich zubereite, so daß du fähig bist, Seine Inspiration zu empfangen, wenn sie kommt.

Und du kannst beten. Suche Gott täglich — nicht nur um der Prophetie willen, sondern um Seiner selbst willen. Du kannst keine Gabe vom Herrn erwarten, wenn du nicht in einer engen und tiefen persönlichen Beziehung zu Ihm lebst.

Nimm dir Zeit, mehr vom Herrn zu erfahren, Ihn besser kennenzulernen. Lerne Ihn zu lieben, Ihn zu suchen, Sein Wort zu empfangen. Bitte Ihn, Seinen Kindern Sein Wort zu offenbaren, und sage Ihm, daß du Sein Bote sein möchtest.

In Zeiten, wo du oder andere aus der Gemeinde besonders des Wortes des Herrn bedürfen, darfst du vor den Herrn treten und Ihn ernstlich darum bitten. Als die Ältesten in Jerusalem Jeremia um ein Wort des Herrn baten (Jeremia 42), mußte sich der Prophet für zehn Tag zurückziehen und das Angesicht des Herrn suchen, um dieses Wort zu erhalten.

Es ist auch gut, mit anderen, die ebenfalls mit dem prophetischen Wort dienen, zusammenzukommen und zu beten, mit ihnen die Erfahrungen und Schwierigkeiten, die man hat, zu teilen. Dabei kann man viel lernen. Wenn ihr zusammen betet, kann Gott mit euch über euren Dienst und eure Gabe reden. Von so einem Treffen kann viel Ermutigung zur Prophetie ausgehen. Bei uns führen wir (seit zwei Jahren) alle zwei Wochen solch ein Treffen durch, und es ergaben sich gute Resultate. Obwohl scheinbar nichts dabei passiert, haben diese Treffen, im großen und ganzen gesehen, dazu beigetragen, daß der Einsatz der Gabe in unseren Versammlungen gestärkt wurde.

Bei manchen dieser Treffen beten wir einfach. Wir beten füreinander. Wir beten dafür, daß der Herr in den Versammlungen kräftig zu Wort kommt. Wir beten dafür, daß Sünden und falsche Einstellungen, die unseren Dienst beeinträchtigen, offenbar werden und vergeben werden. Ein andermal tauschen wir unsere Erfahrungen beim Ausüben der Gaben aus, fragen die anderen um Rat und Hilfe bei Schwierigkeiten, denen wir gegenüberstehen. Manchmal hören wir Kassetten oder lesen Bücher und Broschüren über Prophetie und reden dann darüber.

Bei uns haben wir es so gemacht, daß wir alle, die schon prophetisch geredet haben, zu diesen Treffen einluden. Einige von ihnen stehen schon jahrelang in diesem Dienst, andere nur Monate oder Wochen. Die gegenseitige Ermutigung, Belehrung und Unterstützung tut allen gut und ist für jeden eine Hilfe.

Glaube

Prophetie wird im Glauben empfangen und weitergegeben. Der prophetisch Redende hat den Glauben, daß seine Worte von Gott inspiriert wurden und der Herr mit der Kraft Seines Geistes hinter ihnen steht. Gerade bei bestimmten Weissagungen (zum Beispiel Zukunftsvoraussagen) brauchen wir Glauben und Mut, das zu verkündigen, was wir empfangen haben.

Wir können leicht in das Denken hineingeraten, Prophetie hänge mehr von uns ab als vom Heiligen Geist. Ich habe Leute kennengelernt, die waren so nervös und voll Spannung, daß sie überhaupt nicht prophezeien konnten. Sie verließen sich auf sich selbst und nicht auf den Herrn.

Eine Frau hatte klar erkennbar die Gabe der Prophetie, aber sie hörte schließlich auf, sie zu betätigen, weil sie Angst hatte, sie könnte nichts weissagen. Die Gedanken, die ihr in der Versammlung kamen, waren etwa so: „Ich habe die Gabe der Prophetie. Alle erwarten, daß ich etwas sage. Also muß ich mich bemühen, daß ich schnell etwas bekomme!“ Aber das ging nicht. Nichts kam.

Es ist ein Unterschied, ob ich eine Gabe erwecke oder ob ich in eigener Kraft weissage. Die Gabe zu erwecken bedeutet, sich innerlich auf den Herrn auszurichten und bereit zu sein, Prophetie von Gott zu empfangen. Aus eigener Kraft zu weissagen bedeutet, selbst eine Prophetie aufzubauen, anstatt zu warten, um sie vom Herrn zu empfangen. Eine Erfahrung, die ich vor etwa zwei Jahren machte, illustriert diesen Unterschied.

Eine wichtige Versammlung unserer Gemeinschaft stand an, und ich wußte, daß wir es nötig hatten, das Wort des Herrn deutlich zu vernehmen. Ich begann, mich auf Prophetie vorzubereiten. Aber ich versuchte es auf die falsche Art: Ich begann mich unter Druck zu setzen, unbedingt eine Prophetie zu haben. Als die Versammlung schließlich in Gang kam, war ich extrem gespannt und nervös. Die erste halbe Stunde versuchte ich verzweifelt, etwas zu finden.

Dann erkannte ich meinen Fehler: Ich hatte nicht prophetisch zu reden, sondern nur das Wort weiterzugeben, das der Herr mir gab. Das ließ mich entspannen und voll Frieden auf den Herrn blicken. Und da erst kam es, das Wort des Herrn. Ich konnte es empfangen und verkündigen.

Petrus machte die gleiche Erfahrung, als Jesus ihn bat, auf dem Wasser zu Ihm zu kommen. Offensichtlich konnte Petrus nicht auf dem Wasser gehen, aber auf den Aufruf des Herrn hin stieg er aus dem Boot. Er bemühte sich nicht, auf dem Wasser zu gehen. Er tat einfach das, was der Herr ihn geheißen hatte. Als er aber ängstlich wurde und sich bemühte, auf dem Wasser zu gehen, sank er. Sobald er vom einfachen empfangenden Glauben abwich und versuchte, es selbst zu tun, versagte er. Und so geht es auch uns. Dies müssen wir bedenken, wenn wir an Wachstum in der Ausübung der Prophetie denken. Wenn wir nicht einmal auf niedrigstem Niveau durch eigene Bemühungen prophezeien können, wieviel weniger können wir Wachstum durch eigene Bemühungen erreichen.

Jesus sagt uns, daß keiner seiner Lebenslänge etwas zusetzen kann, so sehr er sich auch bemühen mag. Aber durch den Glauben an Gott dürfen wir die ganze Fürsorge unseres himmlischen Vaters erfahren. In gleicher Weise können wir nicht Wachstum im prophetischen Dienst bewirken, indem wir uns mit aller Kraft bemühen. Aber durch den Glauben ist es möglich, größere Fülle dieser Gabe zu erfahren.

Unterordnung

Um stärker und reiner bei der Ausübung der Gabe zu werden, sollten wir sehen, daß wir uns ganz der gemeindlichen Autorität, unter der wir stehen, unterstellen. Hier gehorsam zu sein bedeutet, den Platz, den Gott angewiesen hat, einzunehmen und so zu handeln, wie es für diesen angemessen ist. Wir müssen es lernen, nach Gott uns auch der Gemeinde zu unterstellen.

An erster Stelle müssen wir Gott ergeben sein. Vielleicht will der Herr uns eine besonders starke prophetische Gabe zukommen lassen. Vielleicht aber auch nicht. Was immer Er wünscht, wir sollten es freudig annehmen.

Die ersten beiden Jahre, nachdem ich das erstemal weissagte, betätigte ich diese Gabe regelmäßig. Dann gab es plötzlich einen Bruch: Während eines ganzen Jahres kam fast keine Weissagung von mir. Das beunruhigte mich. Auf der einen Seite wußte ich, daß Gott mich als Prophet haben wollte, auf der anderen Seite entglitt mir die Gabe langsam unter meinen Händen.

Ich entdeckte, daß ich nicht richtig willig war (obwohl ich es zuerst anders sah), den Platz einzunehmen, den Gott mir zuwies. Ich war froh und freudig dabei, dem Herrn zu gehorchen, solange ich wußte, daß Er mich als Prophet haben wollte, aber ich war gar nicht so froh und freudig gehorsam, wenn es ohne Prophetie gehen sollte. Dieses Jahr lehrte mich, daß ich meine Haltung im Dienst für den Herrn ändern mußte. Ich hatte zu lernen, glücklich und in Frieden zu sein, egal welchen Dienst der Herr für mich bereit hatte. Wenn er wollte, daß ich ein „Teilzeit-Prophet" war, dann wollte ich auch das freudig sein.

Wir müssen unsere Freude in Gottes Willen finden, nicht in unserem. Wenn wir weissagen möchten, Gott uns jedoch zu einem anderen Dienst an Seinem Volk ruft, sollten wir den Dienst, den Er uns gibt, freudig annehmen und das Prophetwerden vergessen. Und wenn wir, wie Jeremia, nicht prophezeien wollen und Gott beruft uns trotzdem dazu, sollten wir unseren eigenen Willen zurückstellen und den prophetischen Dienst tun.

Wir müssen uns auch Gott in der Art, wie wir prophezeien, unterstellen. Vielleicht ist es unser großes Entzücken, inspirierte prophetische Lieder zu singen. Aber wenn die Menschen, denen wir dienen, keine inspirierten Lieder brauchen, sollten wir davon Abstand nehmen. Vielleicht wollen wir vor einer großen Zahl von Leuten prophezeien, aber wenn Gott will, daß wir nur in einer kleinen Gruppe prophezeien, sollte es unsere Freude sein, dort damit zu dienen.

Von einem Diener erwartet man nicht, daß er das tut, was er will, sondern daß er das tut, was ihm sein Herr aufgetragen hat. Ein guter Diener ist der, der es sich angelegen sein läßt, das zu tun, was sein Herr ihm als Auftrag gab — nicht mehr und nicht weniger.

Der Tag mag kommen, an dem der Herr will, daß wir damit anfangen, die Gabe, die Er seinem Leib durch uns gibt, einzusetzen. Wenn das der Wille des Herrn ist, sollten wir Ihm freudig gehorsam sein.

Aber wir müssen uns nicht nur Gott unterstellen, sondern auch der Gemeinde. Oft geschieht es, daß Gott uns Seinen Willen durch Anweisungen, die wir von Christen erhalten, kundtut. Wir sollten diesen Anweisungen dann so folgen, als ob sie direkt vom Herrn selbst kämen.

Ich habe Leuten geraten, für eine bestimmte Zeit nicht mehr in unseren Versammlungen zu prophezeien: entweder deshalb, weil es bei ihnen der Verbesserung und des Wachstums der Gabe bedurfte oder weil ihre Prophetie nicht nützlich für die Gemeinde war. Ich habe auch Leute bezüglich der Art, wie sie prophezeiten, korrigiert. Alle diese Anweisungen haben mit dazu beigetragen, daß die Prophetie bei uns wuchs. Wenn wir solche Anweisungen von der Gemeindeleitung erhalten, sollten wir uns denen unterstellen und wissen, daß sie sich zum Guten für Gottes Volk auswirken.

Es ist richtig, daß sich die Propheten den Leitern der Gemeinde unterordnen. Zuweilen muß der Herr diese Leiter durch die Propheten ermahnen und korrigieren, aber die Propheten müssen sich trotzdem den Leitern unterstellen — in dem Vertrauen, daß Gott durch sie wirken wird.

Geduld

Du wirst wohl nicht über Nacht ein zweiter Jesaja werden, selbst nicht nach fünf oder mehr Jahren. Gott hat viele Veränderungen in uns zu bewirken, bevor wir eine gewisse Reife für den Dienst bekommen. Wir brauchen Geduld, damit die Gaben, die Er uns gegeben hat, zur vollen Entfaltung und Reife gelangen können.

Geduld bezeichnet die Fähigkeit, treu und in Frieden über längere Zeit bei etwas zu bleiben. Das Wort trägt auch den Gedanken der Entschiedenheit in sich. Unsere Erkenntnis, daß Reife Zeit braucht (und vielleicht viel Zeit), sollte uns nicht dazu bringen, uns zurückzulehnen und kaum Veränderung oder Verbesserung zu erwarten. Wir sollten geduldig dieses Verlangen beibehalten und sollten nicht entmutigt sein, wenn so schnell keine Veränderung festzustellen ist.

Wenn Gott uns dazu berufen hat, Ihm und der Gemeinde durch Prophetie zu dienen, wird Er für das Wirken des Geistes, die Formung des Charakters und die nötige Gnade sorgen. Sei geduldig. Danke Gott für jede Gnadenerzeigung und jeden Fortschritt. Hoffe auf Gott, daß Er weitere Veränderungen bewirken wird. Vertraue Gott, Er ist treu.

NACHWORT

Prophetie in den heutigen Gemeinden

Die Gabe der Prophetie erfährt heute eine Wiederentdeckung und Wiederbelebung unter den Christen. Gegenwärtig geschieht die Wiederentdeckung vor allem im Zusammenhang mit der charismatischen Erneuerungsbewegung. Viele Gotteskinder erleben die Realität der Kraft Gottes durch die Gaben des Heiligen Geistes. Es ist nicht Gottes Absicht, daß nur einige wenige Erfahrungen mit den Gaben des Geistes machen, sondern möglichst viele. Viele Millionen von Christen sollen die charismatischen Wirkungen des Geistes erfahren.

Solange Prophetie, Wunderwirkungen, die Gabe der Geisterunterscheidung und all die anderen Gaben des Geistes nicht aktiv vom ganzen Volk Gottes erfahren werden, hinken wir dem, was Gott für uns wünscht, hinterher.

Allgemein gibt es zwei Gründe für das Fehlen prophetischer Aktivitäten unter den Christen unserer Tage. Der erste Grund: Ein Mangel an Wahrnehmung dafür, daß diese Gaben wirkliche Möglichkeiten in der heutigen Gemeinde darstellen, und daraus folgend nur eine begrenzte Erwartung, daß diese Gaben wirklich in Erscheinung treten werden. Der zweite Grund ist Furcht — nämlich die Angst davor, daß Prophetie mißbraucht wird.

Gott selbst nimmt sich der als ersten Grund genannten Schwierigkeit an. Er macht uns die wirkliche Möglichkeit des Empfangs und Ausübens prophetischer Gaben bewußt, indem er Christen prophetische Gaben gibt. Prophetie war immer in der Kirche zu finden, aber das Vorhandensein der prophetischen Gaben in den vergangenen Jahrhunderten war nicht in der Weise Allgemeingut, daß es uns geholfen hätte, diese Gaben wirklich zu erwarten. Wir sind zu der Annahme verleitet worden, diese Gaben seien nur für besondere Personen oder würden nur in seltenen und außergewönlichen Fällen gegeben. Heute jedoch können wir Hunderttausende von Christen sehen, die selbst die Wirklichkeit des Empfangs der Prophetie erlebten.

Die zweite Schwierigkeit zu überwinden, nämlich die Angst vor dem Mißbrauch, ist unsere Verantwortung. Von einer Seite gesehen gibt es tatsächlich Gründe für diese Angst. Prophetie kann mißbraucht werden, und das ist auch in der Vergangenheit geschehen. Aber von der anderen Seite gesehen ist diese Angst ein Beweis des Mangels an Glauben an Gott.

„Wer ist unter euch Menschen, der seinem Sohn, wenn er ihn um Brot bittet, einen Stein biete? Oder wenn er ihn um einen Fisch bittet, eine Schlange biete? Wenn nun ihr, die ihr doch böse seid, dennoch euren Kindern gute Gaben geben könnt, wieviel mehr wird euer Vater im Himmel denen Gutes geben, die Ihn bitten“ (Matthäus 7,9-11).

Prophetie in der Gemeinde zu erwarten und zu empfangen, ergibt Veränderungen. In einem früheren Kapitel habe ich über die Art des Zusammenlebens in der Gemeinde und die Autorität der leitenden Personen gesprochen. Beides ist nötig, damit die Ausübung der Gaben geschehen kann, wobei Unterstützung, aber auch Überwachung gegeben ist. Die erforderliche pastorale Begleitung ist jedoch in den heutigen Gemeinden kaum gegeben.

In verschiedener Hinsicht ist die Kirche heute nicht in dem Zustand, daß sie geistliche Gaben recht handhaben kann. Wenn wir den Herausforderungen lebendiger charismatischer Aktivitäten gerecht werden wollen, müssen wir unsere pastoralen Strukturen überprüfen und in vielen Fällen auch ändern. Charismatische Gaben sind nicht die volle Gemeindeerneuerung, aber sie können als Stimulans für weitere und tiefere Erneuerung dienen.

Die Situation, der wir beim Empfang engagierter charismatischer Aktivität gegenüberstehen, möchte ich mit dem Anbau eines Badezimmers an ein Haus vergleichen. Zuerst scheint es nur ein sehr begrenztes Bauvorhaben zu sein: Alles, was zu tun ist, ist einen Anbau zu errichten und die erforderlichen Installationsarbeiten zu erledigen.

Aber beim Ausführen der Arbeiten mögen wir entdecken, daß die alten Wasserleitungen den neuen Anforderungen nicht genügen. Dann werden wir feststellen, daß die elektrischen Leitungen zum Anschluß des Ventilators und der Beleuchtung mangelhaft sind usw. Der Bau des Badezimmers kann so zu größeren Veränderungen führen, die das ganze Haus betreffen.

Meine persönliche Meinung ist, daß die Strukturen der meisten Kirchen zur Handhabung und Beaufsichtigung der prophetischen Aktivitäten nicht ausreichend sind. In den meisten Kirchen wird die pastorale Arbeit von wenigen besonders ausgebildeten Personen getan, wobei vielleicht noch ein paar Laien gestattet wird, auf bestimmten Gebieten zu helfen.

Die Pfarrer sind oft mit soviel Verwaltungsaufgaben beschäftigt, daß sie nicht genügend pastorale Fürsorge für die aufwenden können, die ihnen anvertraut sind.

Hinzu kommt, daß praktisch in jeder größeren Kirche der Pfarrer nach einigen Jahren in eine andere Kirche wechselt. Damit ist dann wieder die Umstellung auf eine neue Umgebung verbunden. Die Möglichkeit, die Leute, für die er zu sorgen hat, richtig kennenzulernen, ist deshalb begrenzt. In den meisten Fällen ist es zur richtigen Handhabung und Unterstützung der Prophetie erforderlich, die lokalen Gemeindemitglieder persönlich zu kennen. Das gegenwärtig anzutreffende pastorale Verhalten wird diesen Voraussetzungen nicht gerecht.

Die Gläubigen stehen heute einer solch großen Herausforderung gegenüber, daß ein ernster Blick auf die Strukturen und Formen der Kirche wichtig ist. Wir brauchen jede Gabe und Wirkung des Heiligen Geistes. Wenn wir nicht vorbereitet sind, diese Gaben zu empfangen, dann sollten wir alle notwendigen Schritte einleiten, um uns darauf vorzubereiten.

Das Christentum steht heute einer herausfordernden Welt gegenüber. Man hat unsere Zeit als nachchristliche Zeit bezeichnet, und diese Ansicht ist wahrscheinlich realistisch. Die folgende Meinung, die ein Bischof geäußert hat, gibt die Einschätzung von Leitern in vielen Denominationen wieder:

„Die Schwierigkeiten, in denen die organisierte Religion steckt, drücken sich in schwindender Mitgliederzahl, sinkender Zahl der Gottesdienstbesucher und abnehmendem Spenden-

bzw. Kirchensteueraufkommen aus. Richtig, die Gemeinde besteht nicht aus den in die Kirchenkartei eingetragenen Personen. Trotzdem zeigen die Statistiken die Hauptprobleme auf. In etlichen Fällen gehen die Kirchen selbst durch eine Krise ihres Selbstverständnisses.

In Europa ist ein rasch fortschreitender Prozeß der Säkularisation im Gange. Auf der einen Seite werden manche traditionelle christliche Werte immer noch lebendig gehalten. Auf der anderen Seite nimmt das Praktizieren der Religion immer mehr ab.

Die Schwierigkeiten entstehen zum großen Teil aus der Tatsache, daß der Prozeß der Verweltlichung in einem Europa stattfindet, das sich christlich oder nachchristlich bezeichnet, d. h. auf einem Gebiet, auf dem immer noch Spuren des Evangeliums vorhanden sind ... Die Evangelisation Europas steht in Gefahr, in einem beinahe verwässerten Christentum unterzugehen."

Der Zustand der Gesellschaft unserer Tage stellt eine enorme Herausforderung für diejenigen dar, die ihren Auftrag als Christen zu erfüllen suchen. Die Welt um sie herum ist Veränderungen unterworfen, und starke Kräfte sind am Werk, die die Verkündigung des Evangeliums verhindern möchten.

Die einzige angemessene Haltung darauf ist ein Christentum, das Gottes Kraft nicht verleugnet, sondern auf sie baut und sie sichtbar werden läßt; eine Gemeinde, die ihre prophetische Rolle erfüllt. Das Wirken der prophetischen Gaben ist zwar nur ein Aspekt der Erneuerung der geistlichen Kraft, die wir so sehr nötig haben, aber ein sehr wichtiger.

Im ersten Jahrhundert sprach Gott zu den Gemeinden, ließ ihnen Führung, Rat, Trost, Ermahnung zukommen. Gott möchte auch heute direkt und unmißverständlich zu den Gemeinden reden, ihnen Richtungsanweisung geben, sie auferbauen usw. Können wir es uns leisten, die Gaben, die Gott uns zu geben bereit ist, abzuweisen?

Hier eine Prophetie aus dem 20. Jahrhundert:

„Siehe, Ich strecke Meine Hand aus und halte Mein Volk. Ich leite die Meinen von den Wegen, die sie gewählt haben, auf die Wege, die Ich für sie gewählt habe. Siehe, heute strecke Ich Meine Hand aus, um zurechtzubringen, um Meine Gemeinde zu formen.

Aber Mein Volk ist nicht bereit. Ich gürte mich und marschiere zum Kampf, aber Mein Volk marschiert nicht mit. Ich lasse den Kampfruf erschallen, aber Mein Volk hört nicht hin.

Aber nun werde Ich eingreifen und sie aufrütteln. Ich will sie aus ihrem Schlaf aufwecken.

Ich will nicht länger zusehen, wie Mein Name verunehrt wird. Ich werde Mich nicht länger zurückhalten, wenn Mein Volk betrogen wird. Ich werde dieser Welt die Größe Meiner Herrlichkeit offenbaren, die Macht Meiner Liebe, die Kraft Meines Armes.

Mein Volk, öffnet eure Ohren und hört auf Mich. Ich habe euch angefaßt, um euch zu ändern und auf Meine Wege zu bringen.“

ANHANG 1

Einige Bibelstellen über Prophetie

1. Im Alten Testament

A) Der Ruf der Propheten
- — 1. Samuel 3 (Samuel wird von Gott gerufen)
- — Jesaja 6 (die Vision des Thrones Gottes)
- — Amos 7,14-16 (Amos beruft sich bei der Prophetie auf Gottes Ruf)
- — Jeremia 1 (Jeremia wird von Gott zum prophetischen Dienst berufen)
- — Hosea 1,2 (Hosea beginnt seinen prophetischen Dienst)
- — Hesekiel 1-3 (Hesekiel wird berufen)

B) Prophetische Erfahrungen
- — 4. Mose 12,6-8 (wie Gott mit Mose und den Propheten spricht)
- — 1. Könige 19 (Elia am Horeb)
- — Jeremia 20,7-12 (Jeremia versuchte zu widerstehen)
- — 1. Samuel 10 (Saul wird vom prophetischen Geist erfaßt)
- — 2. Könige 3,9-20 (Elisa „weckt“ den Geist durch Musik)

C) Die Identität des Propheten

I. Bote Jahwes
- — Jesaja 44,26
- — Haggai 1,13

Im alttestamentlichen Israel betrachtete man einen Botschafter als denjenigen, der die Person, die ihn sandte, vertrat. Deshalb sprach der Botschafter in der ersten Person (Ich-Form), wenn er redete. Einige Stellen, die dies bestätigen: 1. Mose 45,9-11; 4. Mose 22,16; 1. Könige 2,30; Jesaja 37,3.

II. Hirte
— Sacharja 11,4

III. Wächter
— Jesaja 62,6
— Jesaja 56,10
— Jeremia 6,17
— Hesekiel 3,17

D) Falsche Prophetie
- 5. Mose 18,9-22 (Prüfung der Prophetie)
- 5. Mose 13,1-6 (eine Verfeinerung der Prüfung)
- 1. Könige 22 (ein Lügengeist inspiriert Prophetie)
- Jeremia 23,9-10 (Jeremia brandmarkt die falschen Propheten)
- Jeremia 28 (Jeremias Streit mit dem Propheten Hananja)
- Hesekiel 13 (Hesekiel gegen falsche Propheten)
- Hesekiel 12, 21-28 (die Wichtigkeit, auf echte Prophetie einzugehen)

Die Bezeichnung „falsche Propheten" ist im Alten Testament nicht zu finden. Es spricht einfach von Propheten, ob nun echte oder falsche gemeint sind.

E) Propheten als Fürsprecher
- 1. Samuel 12,19.23;
- 2. Könige 19,1-4
- Jeremia 42,2

F) Die Kraft des prophetischen Wortes
- 2. Könige 4,11-17
- 2. Könige 4,42-44
- Jeremia 28,15-17
- 2. Könige 20,1-11
- 2. Könige 6,15-23

G) Andere Aspekte der Prophetie
- 4. Mose 11,24-30 (Mose betet, daß alle prophezeien mögen)
- Joel 3 (Gott verheißt prophetischen Geist)

— 1. Chronik 25,3 (Prophetie in der Anbetung)
— 2. Samuel 12 (Gott überführt David von Sünde)
— Jesaja 38,1-8 (eine an Bedingungen geknüpfte Prophetie)

2. *Im Neuen Testament*

A) Prophetische Ereignisse
- Apg. 11,27-30 (Propheten in Antiochien. Agabus sagt Hungersnot voraus)
- Apg. 13,1-3 (Paulus und Barnabas werden in den Dienst gestellt)
- Apg. 15,32 (Judas und Silas in Antiochien)
- Apg. 20,23 (die Propheten sagen Paulus Drangsal voraus)
- Apg. 21,4 (Paulus wird vor Schwierigkeiten in Jerusalem gewarnt)
- Apg. 21,9-10 (Philippus Töchter weissagen. Agabus kommt)
- 1. Timotheus 1,18;4,14 (Timotheus: Prophetie beim Gabenempfang)

B) Prüfung der Propheten
- Matthäus 7,15-23 (an ihren Früchten werdet ihr sie erkennen)
- 1. Johannes 4,1-6 (wie der wahre vom falschen Propheten zu unterscheiden ist)
- 1. Korinther 12,3 (niemand kann Jesus Herrn nennen als nur durch den Heiligen Geist)
- 1. Thessalonicher 5,20-21 (verachte Prophetie nicht, aber prüfe sie)

C) Die Propheten des Neuen Testaments
- Römer 12,3-8
- 1. Korinther 12-14
- Epheser 4,11-12
- Epheser 2,20
- Epheser 3,4-6

ANHANG 2

Der Gebrauch des Wortes „Charismata" im Neuen Testament

Bei den neutestamentlichen Wörtern, die im deutschen und englischen allgemein als „Gabe" oder „geistliche Gabe" übersetzt werden, ist eine Differenzierung nötig. Im großen und ganzen gesehen werden diese Wörter nicht in einem, wie wir es einmal nennen wollen, technischen Sinn (also als Fachausdrücke) gebraucht.

Das Neue Testament ist eine Sammlung von Aufzeichnungen der ersten Christen, ist also keine Aufstellung formaler Theologie. Es war auch nicht die Absicht damit verbunden, formelle Kirchendokumente zu erstellen. Besonders die Briefe des Paulus sind zwanglos informell.

Die beste Annäherung an die neutestamentliche Bedeutung eines Wortes erlangen wir, wenn wir dem Gebrauch eines Wortes nachgehen.

Wir wollen uns nun kurz ansehen, wie die Worte *charismata* oder *charisma* gebraucht werden. Die Worte werden in sehr unterschiedlicher Weise angewandt und erscheinen an folgenden Stellen: Römer 1,11;5,15-16; 6,23;11,29; 1. Korinther 7,7; 2. Korinther 1,11; Römer 12,6; 1. Korinther 1,7;12,4.9.28.30.31; 1. Petrus 4,10; 1. Timotheus 4,14; 2. Timotheus 1,6.

Die Bedeutung dieser Worte hat einen weiten Umfang und deckt vieles an Gaben ab, von der Gabe der Prophetie bis zu der Gabe der Befreiung aus dem Gefängnis. Das Wesen der Gnade kommt darin zum Ausdruck (charis = Gnade).

In dem breiten Rahmen, in dem Paulus diese Worte gebraucht, hat er doch ein Anwendungsgebiet, wo diese Worte immer wieder erscheinen: bei der Ausrüstung des einzelnen, mit der er seinen Platz am Leibe Christi ausfüllen kann (mit einer Ausnahme, auf die ich noch zu sprechen komme). In diesem Sinn werden die Worte in Römer 12,6; 1. Korinther 1,7; 12,4.9.28.30.31; 1. Petrus 4,10 gebraucht.

Jede dieser Stellen gibt Gaben an, die den einzelnen befähigen, seinen Platz in der Gemeinde auszufüllen. Die einzige Stelle, wo es nicht so ist, ist 1. Petrus 4,10. Aber auch dort ist es auf Gaben bezogen, die zu unserem Dienstplatz in der Gemeinde passen.

Bei einer weiteren Stelle, wo diese Gabe aufgeführt ist, nämlich Epheser 4,8, handelt es sich um ein Zitat aus dem Alten Testament und ist deshalb wahrscheinlich nicht der Wortwahl des Paulus zuzuschreiben.

Neben *charismata* haben wir im 1. Korintherbrief noch ein wichtiges Wort, nämlich *pneumatika* = Geistliche. (Die Übersetzung „geistliche Gaben" ist also bereits Auslegung.) Paulus gebraucht *pneumatika* in 1. Korinther 12,1 und 14,1. Wenn wir den Unterschied zwischen diesen beiden Worten berücksichtigen, erscheint 1. Korinther 12-14 in einem anderen Licht.

Paulus erklärt, daß es verschiedene Gaben (charismata) am Leib Christi gibt (12,4-30) und daß jeder mit dem Platz zufrieden sein sollte, den Gott ihm zugewiesen hat. Wenn Gott uns eine Gabe gegeben hat, mit der wir eine bestimmte Art Dienst tun können, dann sollte es unser Anliegen sein, Ihm so gut wie möglich an diesem Platz zu dienen. Gleichzeitig gibt es aber *pneumatika*, die für jedes Glied des Leibes da sind und nach denen wir guten Gewissens streben dürfen (14,1).

Damit ist es möglich, die scheinbar sich widersprechenden Anweisungen von 12,1-30 und 14,1 miteinander in Einklang zu bringen. Es ist recht und gut, nach den veränderlichen, nichtfesten Gaben (pneumatika) zu streben, aber nicht nach den Gaben (charismata), von denen unser Platz am Leibe abhängt. Bei letzteren sollten wir mit dem zufrieden sein, was Gott uns zugewiesen hat. Aber was machen wir nun mit 12,31, wo Paulus uns ermahnt, nach den größeren Charismata zu eifern?

Gerhard Iber hat eine Auslegung, die plausibel erscheint und die den scheinbaren Widerspruch löst. Die griechische Form des Verbs (streben, eifern) kann in diesem Satz entweder indikativ (anzeigend) oder imperativ (auffordernd) übersetzt werden. Iber meint, daß Paulus hier wahrscheinlich nicht imperativ, sondern indikativ spricht, also: „Ihr strebt nach den größeren Gaben. Aber ich will euch einen besseren Weg zeigen."

In 1. Korinther 12-14 ermutigt Paulus die Gemeinde zu beidem: nach den *pneumatika* zu eifern, jedoch mit den *charismata* zufrieden zu sein, die Gott gab.

Die Liebe zwingt zu beidem: Zufrieden zu sein mit dem zugewiesenen Platz in der Gemeinde (weder aufgeblasen noch neidisch zu sein) und nach den „Geistlichen" zu trachten, die zum Guten des Ganzen beitragen.

In bezug auf Prophetie ist die Unterscheidung der beiden Worte *charisma* und *pneumatikon* wichtig, da sie Auswirkungen auf die Anerkennung des Propheten in der Gemeinde hat. Paulus sagt beides: daß viele das *pneumatikon* der Prophetie erfahren sollen — die rechtmäßige und nützliche gelegentliche Ausübung der Prophetie unter Inspiration.

Aber niemand sollte das Charisma der Prophetie suchen, d. h. keiner sollte suchen, ein Prophet zu sein. Propheten sind Propheten, weil Gott ihnen das Charisma bzw. dieses Amt gegeben hat.

Außerdem: Obwohl der Prophet eine wichtige Gabe manifestiert (Paulus erwähnt die Propheten an zweiter Stelle, gleich nach den Aposteln), sollen sie wegen dieser Gabe nicht höher geachtet werden als jeder andere am Leib. Aber die Gabe sollte wertgeschätzt werden, denn durch sie bringt der Prophet der Gemeinde das Wort Gottes.

Die Person, der diese Gabe gegeben wurde, ist nicht mehr wert als eine andere Person, die eine andere Gabe bekommen hat. Die Gabe hat einen ihr innewohnenden Wert, und der Mensch ebenfalls. Aber der Wert des Menschen liegt auf der Basis der göttlichen Wesensähnlichkeit — auf der Basis der Vollkommenheit seiner Liebe — und nicht auf der Basis des Besitzes einer Gabe. Hinsichtlich der Gabe ist der Mensch nur Verwalter, nicht Eigentümer.

UMGANG MIT UNSEREN GEFÜHLEN Ralph Speas

Sind Gefühle unsere Freunde oder Feinde? Jeder möchte wahrscheinlich immer gut gelaunt sein. Da unsere Launen und Stimmungen weitgehend von unseren Gefühlen abhängen, ist die Frage nach dem Umgang mit ihnen sehr wichtig, zumal auch unsere Entscheidungen oft mehr von Gefühlen als von vernünftigen Überlegungen bestimmt werden. Das Buch zeigt, wie wir uns nicht von negativen Gefühlen bestimmen lassen müssen, sondern wie statt Depressionen und Unruhe vielmehr Liebe, Freude und Friede unsere Seele erfüllen können. Ein sehr wichtiges Buch.

Best.-Nr. 20 094 128 Seiten (Paperback) **DM 10,80**

ERGRIFFEN VON BARMHERZIGKEIT Douglas Wead

Das Leben in den Straßen Kalkuttas ist das tiefste Stück der Hölle auf Erden. Prostituierte, Waisenkinder, Bettler, Aussätzige, hilflose und verkrüppelte Kinder, Drogensüchtige — sie alle sind ein Stück von diesem elenden, schmutzigen, schrecklichen und erbarmungslosen Leben. Doch inmitten dieser Hölle lebt auch ein Engel der Barmherzigkeit. Es ist der christliche Missionar Mark Buntain, der sich dieser Elenden annimmt und ihnen hilft nach Leib, Seele und Geist. Dieses Buch schildert Einzelschicksale solcher elenden Menschen in Kalkutta, und zwar in so fesselnder Weise, daß man dieses Buch kaum mehr aus der Hand legen mag, bis man die letzte Seite gelesen hat. Außerdem zeigt es etwas davon, was heute Missionsarbeit bedeutet. Spannend von der ersten bis zur letzten Seite sollte es jeder lesen, Alte und Junge.

Best.-Nr. 20 075 168 Seiten (Paperback) **DM 10,80**

ENTSCHEIDUNG AUF DEM KARMEL William H. Stephens

Das ist die Geschichte Elias, des großen Propheten Israels, der als einzelner den Mut hatte, sich von Gott gebrauchen zu lassen, um gegen die bestimmende geistige Strömung seiner Zeit und gegen das israelitische Königshaus aufzustehen. Dabei kommt es zur gewaltigen Auseinandersetzung zwischen dem Gott Israels, dem Gott Abrahams, Isaaks und Jakobs, der durch Elia vertreten wird, und der heidnischen Baalsreligion, die von der phönizischen Königstochter Isebel, die Israels Königin ist, in Israel eingeführt wird. Diese Auseinandersetzung findet in dem dramatischen Gottesurteil auf dem Karmel seinen Höhepunkt. Ein ungeheuer packend erzähltes Buch. Sie sollten es unbedingt lesen. Auch als Geschenk gut geeignet.

Best.-Nr. 20 029 312 Seiten (Paperback) **DM 19,80**

SOLLTE GOTT KEINE WUNDER TUN? Träff/Petman

Immer wieder hören wir in der heutigen Zeit unter aufrichtigen Christen die Frage, ob Gott doch noch einmal eine gewaltige Erweckung schenken wird. Dieses Buch hier ist die Geschichte einer großen Erweckung in unserer Zeit, die ein ganzes Volk bewegte. Es ist die dramatische Lebensgeschichte des finnischen Evangelisten Niilo Yli-Vainio. Durch ihn brach in Finnland in den sechziger Jahren unseres Jahrhunderts eine gewaltige Erweckung aus, die noch andauert. Tausende fanden zu Christus, Wunder geschahen, Kranke wurden geheilt — und das alles heute!

Best.-Nr. 20 090 142 Seiten (Paperback) **DM 10,80**

Preisänderungen vorbehalten — Zu beziehen durch:

Leuchter-Verlag eG, Industriestraße 6—8, D-6106 Erzhausen, Postfach 1161
In Österreich: Buchhandlung der Methodistenkirche, A-1082 Wien, Trautsongasse 8, Postfach 65